ALÉM DAS PALAVRAS
DECIFRE TAMBÉM O QUE NÃO ESTÁ SENDO DITO

Irineu Panachão Jorge & LLe Vecchi

ALÉM DAS PALAVRAS
DECIFRE TAMBÉM O QUE NÃO ESTÁ SENDO DITO

© Publicado em 2012 pela Editora Isis Ltda.

Supervisor geral: Gustavo L. Caballero
Revisão de textos: Gabriela Edel Mei
Diagramação e Capa: Décio Lopes

CIP-Brasil. Catalogação na Fonte
Sindicato Nacional dos Editores de Livros, RJ

Jorge, Irineu Panachão e Vecchi, Marcelle Belluzzo

Irineu Panachão Jorge e Marcelle Belluzzo Vecchi / Além das Palavras – São Paulo: Editora Isis, 2012. – 1ª Edição

ISBN 978-85-8189-010-4

1. Literatura Brasileira I. Título.

Proibida a reprodução total ou parcial desta obra, de qualquer forma ou por qualquer meio seja eletrônico ou mecânico, inclusive por meio de processos xerográficos, incluindo ainda o uso da internet sem a permissão expressa da Editora Isis, na pessoa de seu editor (Lei nº 9.610, de 19.02.1998).

Direitos exclusivos reservados para Editora Isis

EDITORA ISIS LTDA
www.editoraisis.com.br
contato@editoraisis.com.br

ÍNDICE

Prefácio.. 9

Introdução 13

Maneiras de dizer as coisas 17

1. Razão, ter ou não ter? 19

O Cowboy 19

Construindo pontes 23

Acordo Condicional 25

Rapport 27

- *Respiração* 30
- *Piscar de olhos* 31
- *Expressões faciais* 31
- *Movimentos constantes* 31
- *Postura corporal* 32
- *Comportamento cruzado* 32
- *Altura, velocidade e tom de voz* 32
- *Predicados* 32

Woo Sing e o Espelho 33

2. Evitando Discussões 35

Qualidades de um bom comunicador 35

- *Saber Ouvir* 36
- *Concordância* 36
- *Simpatia* 37
- *Compreensão* 38

O Sol e o Vento 39

Frases de hábeis comunicadores 40

Em uma discórdia, concorde! 41

O Poder da Doçura 43

Feedback 44

3. O Poder das Crenças na Comunicação 49

Crenças agem como profecias autorrealizáveis 50

O habitat das crenças 54

- *Crenças do Nível Ambiente* 54
- *Crenças do Nível Comportamento* 55
- *Crenças do Nível Capacidade* 55
- *Crenças do Nível Valores* 55
- *Crenças do Nível Identidade* 56

A meia-verdade 56

Crenças limitantes e fortalecedoras 57

Acreditar e agir 58

O nascimento das crenças 60

- *Ambiente* 60
- *Conhecimento* 60
- *Resultados Passados* 61

Método de substituição de crenças 62

O Processo PCM 63

- *Possibilidade* 63
- *Capacidade* 64
- *Merecimento* 65

O Elefante Acorrentado 66

Reforçando o aprendizado 67

Vença Seus Obstáculos 67

4. O Valor dos Valores! 69

Assembleia na carpintaria 69

Conheça a sua hierarquia de valores 73

Na corte 75

5. Decifrando Pessoas 77

Metaprograma de Linguagem 79

- *1º padrão – Programa de Motivação* 79
- *2º Padrão – Programa de Atenção* 82
- *3º Padrão – Programa de Interesse* 84
- *4º Padrão – Programa de Tempo* 86
- *5º Padrão – Programa de Ação* 86

- *6º Padrão – Programa de Compreensão* 87
- *7º Padrão – Programa de Tensão Emocional* 89
- *8º Padrão – Programa de Convencimento* 90
- *9º Padrão – Programa de Informação* 91
- *10º Padrão – Programa de Objetivo* 91

A sábia filosofia do oriente 93

Nenhuma maestria cai do céu 93

6. Decifrando Mensagens 95

O perigo dos pressupostos 95

Metamodelo de Linguagem 97

Utilizando o Metamodelo de Linguagem 98
- *1. Falta de Índice Referencial* 98
- *2. Verbos Inespecíficos* 99
- *3. Nominalizações* 99
- *4. Quantificadores Universais* 100
- *5. Operadores Modais* 100
- *6. Execução Perdida* 101
- *7. Leitura Mental* 102

O martelo 103

7. Ajustando a Sintonia 104

Palavras Visuais 105

Frases Visuais 105

Palavras Auditivas 106

Frases Auditivas 106

Palavras Sinestésicas 107

Frases Sinestésicas 108

O corpo sinalizando o VAC (Visual, Auditivo, Sinestésico) 109

Percebendo as diferenças 110

Você é importante 111

Movimento provável dos olhos 112

Extrovertidos e Introvertidos 115

8. Mensagens do Corpo 117

Quais os sinais do desejo? 118

Decifrando mensagens do corpo 118

A brasa 123

As Pistas da Mentira 124

9. As Máscaras Utilizadas na Manipulação 139

O Amedrontador *140*
- *Estou me relacionando com um amedrontador?* *140*

Barulho de carroça *141*

O Curioso *142*
- *Estou me relacionando com um curioso?* *142*

O Indiferente *143*
- *Estou me relacionando com um indiferente?* *143*

O Perseguido *144*
- *Estou me relacionando com um perseguido?* *145*

O Crítico *145*
- *Estou me relacionando com um crítico?* *146*

A lâmpada apagada *146*

O Pegajoso *147*
- *Estou me relacionando com um pegajoso?* *148*

O Egocêntrico *148*
- *Estou me relacionando com um egocêntrico?* *149*

Viver como as flores *150*

10 . A Polêmica do "Não" 151

Sobre a Coragem de Experimentar *153*

11 . Comunicação Virtual 155

A tecnologia como forma de controle *159*

Evite que o mau uso da tecnologia atrapalhe relações amorosas *160*

Contato pessoal x contato virtual *161*

Quando o mundo virtual se torna um vício *162*

Principais características de um viciado em internet *164*

O Anúncio *165*

12 . Cuidado com seus conhecimentos! 166

Situações desastrosas ou cômicas na utilização dos conhecimentos *168*

Despedidas *178*

O bambu chinês *179*

Agradecimentos de Irineu Panachão Jorge 181

Agradecimentos de LLe Vecchi 182

Para se comunicar com os autores *183*

Referências 184

PREFÁCIO

A troca de informações acontece com muita facilidade em nossa atual sociedade e muito tem se falado em melhor qualidade de vida. Contudo, nunca foi tão importante saber comunicar nossas ideias e, ao mesmo tempo, entender e compreender as ideias dos inúmeros interlocutores diários.

Este livro procura levar ao leitor uma forma simples e eficiente de falar o que se pensa, mas, acima de tudo, de entender o outro e aprender como compreender o que não está sendo dito.

Utilizamos metáforas, pois são poderosos instrumentos de convencimento utilizados pelos maiores líderes da história. Não há como se discutir com uma metáfora quando os conhecimentos e mudanças de crenças atingem diretamente o inconsciente gerando, por conseguinte, uma mudança comportamental.

O livro é escrito de forma a focar tanto o lado profissional como o pessoal e visa à melhoria dos relacionamentos, tendo por consequência uma qualidade de vida melhor.

Algumas considerações do conteúdo do livro:

- Como "saber investigar" o que a pessoa realmente pensa, quais valores possui e o que a move na tomada de decisões?

- É importante provar que temos razão?
- Como as nossas crenças se transformam em profecias?
- O que os grandes mestres da comunicação fazem de diferente para conseguir transmitir suas mensagens, alcançando ou influenciando tantas pessoas (com diferentes formas de pensar) ao mesmo tempo?
- Como saber se somos bons entendedores?
- Quais são os nossos "programas" internos?
- O que os olhos revelam?
- Quais mensagens são reveladas pelo corpo?
- Como criar empatia numa conversa?
- Como conseguir um acordo mesmo diante de oposições?
- Como as máscaras de manipulação funcionam?
- Como o cérebro processa o "não"?

Convidamos você leitor a agir como o mestre japonês...

Nan-in, um mestre japonês durante o período Meiji (1868-1912), recebeu em sua casa um professor universitário, grande estudioso, considerado um dos maiores especialistas ocidentais na cerimônia do chá, que o visitou para aprofundar seu conhecimento sobre a arte em questão.

Nan-in serviu-lhe chá. Ele encheu completamente a xícara de seu visitante e depois continuou a servir-lhe mais chá.

O professor observou o derramamento de chá até não poder mais se controlar.

– Já está derramando. Não cabe mais nada!

– Assim como esta xícara – disse Nan-in – você está cheio de suas próprias opiniões e especulações. Não posso lhe acrescentar mais nada, a menos que você primeiro esvazie sua xícara.

Para receber o novo, precisamos nos desfazer do velho. Para aceitar um novo aprendizado, precisamos abrir mão de velhos hábitos e conceitos que já estão obsoletos.

Assim é a vida: num ciclo perfeito, tudo nasce, vive e morre, porque tudo tem a sua durabilidade, o seu tempo para ser útil. Somente quando admitimos um espaço vazio em nós, ou seja, uma necessidade humilde de aprender, é que podemos absorver novas sabedorias.

ALÉM DAS PALAVRAS...
Decifre também o que não está sendo dito

INTRODUÇÃO

A base deste livro foi extraída da Programação Neurolinguística, mas procuramos abordá-la de uma forma prática, de modo que sua utilização se torne fácil também para os leigos no assunto. Já lemos praticamente todos os livros já publicados sobre Neurolinguística e não falamos isso para nos gabar, mas para evidenciar nossa paixão pelo assunto. Por sermos apaixonados por essa ciência, ficamos tristes e até mesmo indignados quando percebemos como ela pode ser deturpada, mal interpretada e até mesmo mal vista. E isso só acontece porque os pseudoentendedores do assunto transmitem seus conhecimentos superficiais sem embasamento e de forma irresponsável e, na maior parte das vezes, visando à manipulação e não à evolução do ser humano. Com isso, eles demonstram sua falta de pudor e respeito para com a ciência e as pessoas.

Agora, vamos ao que importa...

– Quem não se comunica, se trumbica – Chacrinha

Quem de nós já não ouviu a máxima do Velho Guerreiro? E em função disso buscamos conquistar a atenção de outros à nossa volta, ou simplesmente nos sentimos diminuídos pela incapacidade da preleção ampla e farta.

Pessoalmente demorei muitos anos para aprender algo muito mais importante que é o fato de saber que "só tenho controle sobre as palavras que não digo".

Acredito ser este um dos maiores problemas de nossa comunicação: a <u>intenção</u> é, na maior parte das vezes, muito diferente da <u>interpretação</u>.

Lembro-me de momentos em que a única coisa importante era conseguir manter um diálogo que não gerasse tensões e que, por maior que fosse o esforço, só conseguia a frustração. Outras vezes, por não estar preocupada com o que eu não queria, mantinha-me livre para gerar momentos sublimes e descontraídos, de verdadeiro crescimento pessoal.

A sabedoria da comunicação com certeza se aprimora com a idade, porém não é uma garantia da idade.

Quantos não buscam o erudito para adquirir conhecimentos e, dessa forma, entender suas dúvidas, no entanto, nem sempre o erudito consegue se comunicar de forma simples e clara como o humilde, e assim percebemos que não é o conhecimento que nos traz a melhor comunicação, embora possa aprimorá-la.

O que podemos concluir é que: "O conhecimento nos ajuda a ganhar a vida, porém, a sabedoria pode construir uma vida".

Esperamos construir, ao longo de todos os capítulos, o caminho para aumentar a sabedoria do leitor no trato com as pessoas.

Você tem facilidade de se comunicar no trabalho, mas não é compreendido em casa?

Ou é o oposto?

Você é o amigo que todos procuram nas dificuldades?

Ou é você quem procura os amigos quando tem problemas?

Você se arrepende com constância do que disse?

Ou você se arrepende de não ter dito?

Na verdade, todos nós podemos responder sim à maioria das perguntas acima, esse é um dos mais comuns problemas da população mundial.

Vivemos no auge da agilidade da comunicação; dificilmente conseguiremos dividir ao meio o tempo que levamos para entrar em contato verbal com outra pessoa, esteja ela onde estiver, e, no entanto, nunca tivemos tantos problemas, dores e decepções por conta das interpretações errôneas daquilo que falamos.

Podemos continuar a culpar terceiros por nossas falhas ou podemos manter o sofrimento do remorso que afeta grande parte de todos nós. Podemos, por outro lado, melhorar nossa forma de comunicação e assumir nossa responsabilidade (sem culpa) pelas interpretações inadequadas que geramos.

A finalidade de cada um dos capítulos aqui contidos é que você atinja uma forma leve de viver, com menos culpa e com maior transparência, isto é, *"que os outros saibam quem sou e o que penso, pois este sou eu e isto é motivo de muito orgulho, visto que sou único"*.

Muitos pais se perguntam como educar os filhos, como conversar e influenciá-los de forma positiva ao mesmo tempo; filhos de todas as idades estão neste momento se perguntando como fazer para serem aceitos e compreendidos por seus pais. Por outro lado, as mesmas dúvidas assombram casais ou companheiros profissionais, sem esquecer que nossos amigos e conhecidos nem sempre nos compreendem ou são compreendidos por nós.

Todas essas ligações dependem de uma comunicação adequada e, portanto, todas podem ser melhoradas ou aperfeiçoadas, pois o ser humano, independente de sua origem, raça ou idade, na verdade só tem uma grande missão de vida que é a evolução produtiva de seus relacionamentos. Para tal, temos de acreditar que hoje poderemos ser melhores do que fomos ontem e que amanhã seremos melhores do que somos hoje.

Com os vários exemplos e histórias deste trabalho, buscamos contribuir com essa Missão do ser humano e acreditamos que, quanto mais lermos e debatermos os conteúdos, maior será o número de novas perspectivas, facilitando a mudança de nossos comportamentos atuais.

Para que isso aconteça de forma mais produtiva, utilizamos o uso de várias metáforas, propiciando ao leitor um entendimento sem reservas. Explicando melhor: normalmente geramos uma reatividade quando algo nos coloca na posição de "infrator". Inconscientemente são geradas forças restritivas que nos fazem negar nossa participação, ou rapidamente identificar a prática desse comportamento negativo em outras pessoas, deixando em segundo plano o reconhecimento de nossa prática.

Em função disso, as metáforas, que foram sabiamente utilizadas por Jesus, permitem que nosso inconsciente absorva o ensinamento e, a partir desse ponto, iniciamos um processo de identificação de nossas falhas, gerando uma predisposição para combatê-las e consequentemente obtemos uma mudança comportamental, nem sempre percebida por nós, mas, sem dúvida, notada pelos outros.

Este processo pode ser intensificado se o leitor, ao deparar-se com uma citação ou metáfora que se encaixa em seu problema, copiá-la em algum lugar de fácil acesso e ler várias vezes.

O método citado é utilizado em trabalhos que visam às mudanças de atitudes e isso me lembra de Shakespeare: *"A mudança é uma porta que só se abre por dentro".*

Você é o único que pode querer ser melhor e só conseguirá se realmente quiser e lutar por isso.

MANEIRAS DE DIZER AS COISAS

Uma sábia e conhecida anedota árabe diz que, certa feita, um sultão sonhou que havia perdido todos os dentes. Logo que despertou, mandou chamar um adivinho para que interpretasse seu sonho.

– Que desgraça senhor! Exclamou o adivinho. Cada dente caído representa a perda de um parente de vossa majestade.

– Mas que insolente – gritou o sultão, enfurecido – Como te atreves a dizer-me semelhante coisa? Fora daqui!

Chamou os guardas e ordenou que lhe dessem cem açoites. Mandou que trouxesse outro adivinho e lhe contou sobre o sonho.

Este, após ouvir o sultão com atenção, disse-lhe:

– Excelso senhor! Grande felicidade vos está reservada. O sonho significa que haveis de sobreviver a todos os vossos parentes.

A fisionomia do sultão iluminou-se num sorriso, e ele mandou dar cem moedas de ouro ao segundo adivinho. E quando este saía do palácio, um dos cortesãos lhe disse admirado:

– Não é possível! A interpretação que você fez foi a mesma que seu colega havia feito. Não entendo por que ao primeiro ele pagou com cem açoites e a você com cem moedas de ouro.

– Lembra-te meu amigo – respondeu o adivinho – que tudo depende da maneira de dizer...

Um dos grandes desafios da humanidade é aprender a arte de se comunicar. Da comunicação depende, muitas vezes, a felicidade ou a desgraça, a paz ou a guerra.

Que a verdade deve ser dita em qualquer situação, não restam dúvidas. Mas a forma como ela é comunicada é que tem provocado, em alguns casos, grandes problemas. A verdade pode ser comparada a uma pedra preciosa. Se a lançarmos no rosto de alguém pode ferir, provocando dor e revolta. Mas, se a envolvermos em delicada embalagem e a oferecermos com ternura, certamente ela será aceita com facilidade.

A embalagem, nesse caso, é a indulgência, o carinho, a compreensão e, sobretudo, a vontade sincera de ajudar a pessoa a quem nos dirigimos.

Ademais, será sábio de nossa parte, antes de dizer aos outros o que julgamos ser uma verdade, dizê-la a nós mesmos diante do espelho.

E, conforme seja nossa reação, podemos seguir em frente ou deixar de lado o nosso intento. Importante mesmo é ter sempre em mente que o que fará diferença é a maneira de dizer as coisas...

1

RAZÃO, TER OU NÃO TER?

O Cowboy

Era uma pequena cidade do oeste americano nos meados do século XIX. Dois jovens pistoleiros em busca de fama se encontram, olham-se e o desafio em seus olhares cintila a oportunidade de provar quem é o mais rápido. Um deles comenta com o homem sisudo que lhe serve um uísque: – Está vendo aquele camarada? – apontando para outro pistoleiro – Aposto uma garrafa que sou o mais rápido e tenho melhor pontaria que ele!

Nesse momento, o outro, já de lado no balcão e com sua mão próxima ao colt, pergunta: – Se você acredita nisso, por que não saca sua arma e vamos tirar isso a limpo?

Um clima tenso se forma; todos se afastam preocupados e ansiosos.

Ambos se olham profundamente e preparam-se para o duelo.

Em um breve instante suas armas saltam dos coldres e ouve-se o estrondoso barulho. A fumaça da explosão da pólvora enche o bar com seu cheiro acre característico. Os dois corpos estão caídos no chão, o segundo com um tiro certeiro no coração e o desafiante, ferido mortalmente agonizava em suas últimas palavras: – Eu o acertei?

– Sim, você o acertou bem no coração.

– Então eu tinha razão, sou o melhor...

– Sim, você é.

Nesse instante, nosso jovem pistoleiro pende a cabeça e morre.

Contudo, morreu feliz, pois tinha Razão.

Graças à evolução humana esses sangrentos duelos não existem mais e, portanto, as pessoas não se matam abertamente para provar que têm razão. Será?

O que mais presenciamos são discussões para termos razão e as começamos com tamanho vigor, eloquência e energia que agradecemos o progresso por não termos armas por perto.

A natureza de cada indivíduo é ímpar e requer confirmações de autoconfiança e autoestima que são incompreensíveis à luz do bom senso. A maior parte de nossas desavenças e de nossas mágoas foi criada por essa necessidade de termos razão, como se ela fosse a prova incontestável de nosso valor como seres humanos.

Percebemos que, na grande maioria das vezes, quando conseguimos nos sentir donos da razão, acabamos gerando situações de amargura e sentimentos negativos que nos acompanham por um período que pode variar de horas a décadas. Este período está intimamente ligado à relação emocional que temos com a pessoa, ou seja, quanto maior for a relação emocional, maior será o dano.

Só existe uma forma de evitar tais danos, não discutindo para ter razão, pois ela nos dá uma "vitória" que não podemos saborear.

Vivemos a era da comunicação, da informação, do conhecimento e interiormente continuamos a agir como o homem da Idade Média, portanto, o que precisamos é nos atualizar, usufruir de todo o progresso científico da humanidade, começando pelo relacionamento que temos com as pessoas à nossa volta, dando tanta importância ao que elas nos falam, como gostaríamos que dessem ao que falamos, ou seja, compreendendo tão bem seu ponto de vista, como compreendemos o nosso. Dessa forma há razão para todos, o que muda são os pontos de vista. Henry Ford já dizia *"Só tomo uma decisão após ter conseguido ver tão bem o ponto de vista do outro como consigo ver o meu"*.

Nas atividades profissionais é constante a busca por estar certo no que diz respeito a algum ponto de vista e, principalmente, que os "oponentes" certifiquem essa certeza. Uma vez que são "oponentes", provavelmente eles também terão seus pontos de vista e lutarão da mesma forma para buscar essa certificação, pois isso dará a dimensão da capacidade de cada um perante os outros; em outras palavras, o tão esperado e desejado reconhecimento. Este pode ser de capacidade ou de posição, não importa, pois eu tenho que ter razão.

Concluímos que fatalmente a busca pela razão justifica atitudes de competitividade prejudicial, nas quais o mais propício e benéfico seria um trabalho em equipe.

Sem contar que, quando alguém "ganha" uma discussão, a outra parte sente seu orgulho ferido, e esta é uma forma, no mínimo esquisita, de angariar aliados. A pessoa que sentiu seu orgulho ferido poderá se automotivar inconscientemente para criar outras situações (revanche) em que ela, desta vez, terá a razão e provará isso. Conclusão: esta batalha é totalmente inútil e sem propósito. Lembrem-se de que toda vez que discutir para ter razão, seu nome estará na "lista negra" de quem ficou com o orgulho ferido. Isto é bom?

No ambiente familiar é comum observarmos discussões em prol da razão. Temos uma crença que é constantemente alimentada e que é igualmente primordial para o equilíbrio e para o desenvolvimento da própria família: nossos pais estão sempre certos, eles têm razão. Enquanto ocorre o desenvolvimento cronológico e mental, adquirimos outros valores, influenciados pela escola, pelos amigos e pelos meios de comunicação. Vamos gradativamente colocando em dúvida se eles sempre estão com a razão. No momento em que nossa busca por liberdade começa a ser cerceada, encontramos maior quantidade de situações em que a razão não se encontra claramente com quem está.

Infelizmente, na maioria das vezes, os pais não entendem claramente essas mudanças, pois em sua visão, os filhos continuam sendo apenas inexperientes filhos que não viveram o suficiente para compreender todas as questões que defendem. Às vezes, em busca de nossa proteção, e em outras, em busca do poder sobre a família, surgem verdadeiros duelos pela posse da razão, os quais constantemente terminam com feridas incuráveis.

Esses mesmos critérios são utilizados em nossas uniões, cuja busca pelo respeito, reconhecimento e, principalmente, pela aceitação, nos induzem a busca da razão. Esquecemos-nos de levar em consideração todos os valores e crenças que cada um traz de seu ambiente familiar original e de sua própria história de vida. Desta forma, exigimos que a visão do outro, sobre determinado assunto, seja igual à nossa, ou que, no mínimo, ele ou ela abra mão de sua visão em prol da nossa.

Como percebemos, a grande maioria das discussões, desavenças e desuniões familiares podem ser iniciadas por meio de uma simples luta pela razão.

CONSTRUINDO PONTES

Certa vez, dois irmãos que moravam em fazendas vizinhas, separadas apenas por um riacho, entraram em conflito. Foi a primeira grande desavença em toda uma vida trabalhando lado a lado, repartindo as ferramentas e cuidando um do outro.

Durante anos percorreram uma estreita, porém comprida estrada que corria ao longo do rio para, ao final de cada dia, poder atravessá-lo e desfrutarem um da companhia do outro. Apesar do cansaço, faziam-no com prazer, pois se amavam. Mas agora tudo havia mudado. O que começara com um pequeno mal-entendido finalmente explodiu numa troca de palavras ríspidas, seguidas por semanas de total silêncio.

Numa manhã, o irmão mais velho ouviu baterem à sua porta. Ao abri-la, notou um homem com uma caixa de ferramentas de carpinteiro em sua mão, que lhe disse: – Estou procurando por trabalho, talvez você tenha um pequeno serviço aqui e ali. Posso ajudá-lo?

– Sim! – disse o fazendeiro – Claro que tenho trabalho para você. Veja aquela fazenda além do riacho. É de meu vizinho, na realidade, meu irmão mais novo. Brigamos muito e não mais posso suportá-lo. Vê aquela pilha de madeira perto do celeiro? Quero que você me construa uma cerca bem alta ao longo do rio para que eu não mais precise vê-lo.

– Acho que entendo a situação – disse o carpinteiro. – Mostre-me onde está o martelo e os pregos que certamente farei um trabalho que lhe deixará satisfeito.

Como precisava ir à cidade, o irmão mais velho ajudou o carpinteiro a encontrar o material e partiu. O homem trabalhou arduamente durante todo aquele dia medindo, cortando e pregando.

Já anoitecia quando terminou sua obra, ao mesmo tempo em que o fazendeiro retornava. Porém, seus olhos não podiam acreditar no que viam. Não havia qualquer cerca! Em seu lugar estava uma ponte que ligava um lado do riacho ao outro. Era realmente um belo trabalho, mas enfurecido, exclamou:

– Você é muito insolente por construir esta ponte após tudo que lhe contei!

No entanto, as surpresas não haviam terminado. Ao erguer seus olhos para a ponte mais uma vez, viu seu irmão aproximando-se da outra margem, correndo com os braços abertos. Cada um dos irmãos permaneceu imóvel de seu lado do rio, quando, num só impulso, correram um em direção ao outro, abraçando-se e chorando no meio da ponte.

Emocionados, viram o carpinteiro arrumando suas ferramentas e partindo.

– Não, espere! – disse o mais velho – Fique conosco mais alguns dias, tenho muitos outros projetos para você.

O carpinteiro então lhe respondeu: – Adoraria ficar. Mas, tenho muitas outras pontes para construir.

Nossa maior intenção com a elaboração desse livro é conseguir, junto ao leitor, construir muitas pontes, pois são essas pontes que garantirão relacionamentos pessoais e profissionais mais produtivos e uma maior paz interna, a qual será o fruto de uma comunicação elaborada e eficaz.

Esperamos derrubar as cercas e abrir espaço ao entendimento.

Devemos sempre ter em mente que oportunidades surgem com pessoas e, dessa forma, quanto maior for o número de relacionamentos positivos que tivermos mais oportunidades pessoais e profissionais surgirão.

Às vezes, demoramos anos construindo uma ponte e, em uma só discussão por razão detonamos um efeito terremoto, destruindo totalmente o que foi construído.

Acordo Condicional

Muitas vezes nos encontramos em situações em que estamos propondo ou oferecendo algo a outros e nos deparamos com o desinteresse total em relação ao assunto ou produto.

Uma forma elegante de encontrar uma aceitação de nossa proposta é conduzir a apresentação, após a negativa, de forma a entendermos o motivo do desinteresse e, a partir daí, construir uma condicional que facilite a aceitação, ou que pelo menos diminua a rejeição.

Perceba pelo exemplo abaixo que tudo ocorre de forma a chegar ao objetivo, mas sem que a outra parte se sinta obrigada, manipulada ou enganada.

Exemplo:

Eu quero te oferecer estas três malas cheias de bolas de gude com defeito.

Pessoa – Não tenho interesse.

Nesse ponto a pessoa simplesmente falou de sua falta de interesse, cabe a você encontrar o motivo da rejeição ou objeção.

Eu – E o que te faz não ter interesse?

Pessoa – Não tenho a menor ideia do que fazer com bolas de gude defeituosas.

Nesse ponto cabe a você se mostrar um aliado da pessoa e encontrar, juntos, uma utilização para o produto.

Eu – E se pensarmos juntos numa forma de utilização para elas?

Dessa forma a pessoa começa a abrir a possibilidade de avaliar a situação, coisa que no início não havia. A sua oferta passou de impossível para avaliável. Se você souber de uma utilização para as bolas de gude com defeito que a pessoa não havia pensado e se interessou, suas chances aumentarão e muito.

Nesse ponto tente descobrir se há outras objeções que fazem com que a pessoa não se interesse pelo produto. Procure só escutar e fique atento às palavras dela.

Eu – Você teria qualquer objeção com que se preocupa e a qual precisamos analisar para que você fique satisfeito com a compra?

Para qualquer objeção que apareça, mostre-se capaz de analisá-la e, se for o caso, de resolvê-la, uma por uma. É importante que você "enxergue" a situação pelos olhos da pessoa e se coloque no lugar dela para analisar e encontrar soluções.

Há pessoas que são expansivas e falam de antemão todas as objeções e há outras que vão analisando e encontrando objeções ao longo da conversa; respeite o jeito de ser da pessoa e acompanhe seu ritmo.

Se você se mostrar apto a resolver as objeções, você encontrará um acordo condicional. Mas lembre-se de que essa técnica deve se basear em argumentos e soluções verdadeiras, nada de falar sobre o que não tem conhecimento ou dar sugestões inviáveis. Essa negociação deve ser alicerçada em conhecimento e confiança.

Outro exemplo, agora em uma situação familiar.

Um casal sempre discute porque ele quer almoçar na casa da mãe todos os domingos, pois este é um costume familiar, e ela prefere outros programas. Na cabeça dele podem passar fatos tais como ela não querer ir porque não gosta da sogra, ou inúmeras suposições que para ele faz sentido. Para desfazer esse problema o indicado é parar de conjecturar e procurar saber qual/quais são as objeções reais que ela apresenta.

Perguntando abertamente sobre seus reais motivos, ele descobriu que só havia uma objeção – após o almoço vocês ficam horas a fio conversando sobre os mesmos assuntos, e eu fico cansada. A objeção era o tempo que eles levavam após o almoço para discutir alguns assuntos. Ele então perguntou: – e se após o almoço ficarmos mais uma hora e voltarmos? Você se sentiria bem dessa forma? Ela concordou com o acordo condicional, pois se sentiu respeitada em suas necessidades.

Em uma família em que é esperado um relacionamento positivo entre os membros, essa técnica também pode ajudar muito, pois não há duas pessoas que pensem sequer de forma similar, e com isso as suposições ou conjecturas sobre as atitudes ou opiniões dos outros, na maioria das vezes, não correspondem à realidade. A partir do momento que nós nos propomos a encontrar as condicionais para resolver as questões de relacionamentos, nossa capacidade de diluir conflitos aumenta e todos ganham.

RAPPORT

Há um ditado muito utilizado que acreditamos não corresponder à realidade – Os opostos se atraem. Estudos sobre comportamentos humanos nos mostram que os semelhantes se atraem. Temos uma tendência a olhar com "bons olhos" a quem se assemelha à nossa forma de agir, de pensar, a nossos estados de espírito momentâneos e valores.

Vamos pensar, em primeiro lugar, como somos atraídos por formas de agir semelhantes – duas pessoas se conhecem e começam uma amizade, a amizade se consolida por afinidades, como no exemplo a seguir. Uma pessoa vai passar férias num hotel e adora jogar tênis, vê alguém se dirigindo à quadra para jogar e logo se aproxima para conversar; como as duas têm o mesmo hobby, o interesse de aproximação acontece espontaneamente. Por conta de um interesse em comum pode surgir uma amizade duradoura.

Também somos atraídos por formas semelhantes de pensar – começo meu MBA e escuto um aluno fazer algumas colocações sobre seus pontos de vista que são semelhantes aos meus e contribuo com suas explanações, ele percebe que compartilhamos ideias e formas de pensar que se complementam. Nossa primeira aproximação acontece no intervalo do curso e então percebemos que em diversos assuntos pensamos de forma similar. Assim nossa amizade se estende até hoje.

Isso também acontece entre os otimistas, pessoas que preferem enxergar os pontos positivos dos acontecimentos, eles procuram pessoas com essas características para interagir, e entre os pessimistas idem, esses preferem interagir com outros que dão maior ênfase aos pontos negativos dos acontecimentos. É difícil acontecer um entrosamento natural e até mesmo um relacionamento duradouro entre um otimista e um pessimista, pois são formas diferentes de enxergar os fatos da vida.

A qualidade de nossos pensamentos influencia a qualidade de nossa energia. Uma pessoa que na maior parte do dia pensa em fatos ruins que já aconteceram, ou que possam acontecer, ou nutrem dentro de si sentimentos como angústia, medo, revolta, aflição, irritação, desespero, raiva... sua energia só pode corresponder a esses pensamentos, então cria-se um padrão energético de baixa qualidade. Tal padrão negativo atrairá para sua vida pessoas e fatos correspondentes.

O contrário também é verdadeiro, se dentro de mim há pensamentos e sentimentos positivos, então meu padrão energético é de alta qualidade, e atraio pessoas e fatos correspondentes.

Estamos numa festa e percebo que há uma pessoa contando piadas e outros à sua volta rindo e se divertindo. Se eu estiver num estado de espírito alegre e motivado provavelmente irei me juntar a essas pessoas para compartilhar daqueles momentos de descontração e divertimento. Esse é um exemplo de como somos atraídos por estados de espírito semelhantes.

Um relacionamento é construído em etapas, primeiramente há um período de descoberta, quando começamos a conhecer mais profundamente o outro, de acordo com nossa avaliação desse período ou partimos para a próxima etapa, a conquista, ou encerramos a relação. No período de descoberta é que avaliamos os valores realmente importantes da pessoa e se há afinidades com os meus. Nosso software interno vai captando mensagens a todo o momento para concluir se possuímos valores semelhantes ou não. Em conformidade com essa avaliação ou nos motivamos a prosseguir para a próxima etapa ou desistimos da relação. Na etapa da conquista já temos um aval positivo do software e agimos para conquistar, sempre correspondendo aos valores do outro. Após a etapa da conquista vem a convivência, quando construímos os alicerces da relação. Nessa etapa os dois colocam seus valores em prática no dia a dia. Essas etapas ocorrem tanto em amizades como em relacionamentos amorosos.

Até agora explicamos por que discordamos do ditado "os opostos se atraem"; chegou a hora de abordar o Rapport.

O Rapport é uma ferramenta da Programação Neurolinguística que nos ajuda a criar uma maior empatia para com as pessoas que interagimos, sejam elas familiares, colegas do trabalho, amizades ou simplesmente conhecidos. A definição de empatia, no estudo da Inteligência Emocional, significa conseguir enxergar pelos olhos dos outros e sentir o que estão sentindo. É como nos colocar na posição dos outros, e isso, a nosso ver, pode ser a maior representação de respeito que podemos oferecer a alguém.

O Rapport é utilizado para espelhar ou igualar comportamentos verbais ou não-verbais de uma pessoa, para que você enxergue seu mundo pela definição dela.

Citaremos várias formas de espelhar comportamentos para criar uma maior empatia entre duas pessoas, mas lembre-se de que os gestos devem ser espelhados com muita sutileza, de outra forma pode gerar uma reação negativa e desagradável. Essa técnica tem por objetivo gerar a empatia por meio de processos inconscientes (sem a percepção consciente), por isso a exigência da sutileza, do bom senso e da elegância em seus gestos.

Respiração

Perceba seu ritmo de respiração e localização, respire pelo tórax, abdômen superior ou inferior e adapte sua respiração a do outro sutilmente.

Estado de espírito

Perceba qual o estado de espírito em que o outro se encontra – motivado, apático, triste, alegre, melancólico, tenso, relaxado... e corresponda de forma sutil, sem que fique perceptível sua intenção de equiparar seu estado de espírito ao dele.

Piscar de olhos

Observe o ritmo de suas piscadas, geralmente quando estamos tensos piscamos de forma acelerada e quando calmos mais lentamente. Aos poucos vá se adaptando ao ritmo do outro, de forma sutil e elegante. Nunca espelhe um tique nervoso, observe com cautela para diferenciar um simples piscar de olhos de um tique nervoso.

Expressões faciais

Contrair ou morder os lábios, levantar as sobrancelhas, franzir a testa, esticar as laterais da boca, repuxar o pescoço ou enrugar o nariz – pode ser que você observe uma ou mais expressões – prefira espelhar só uma ou duas expressões e, mesmo assim, com muita sutileza e cuidado para não ficar perceptível sua intenção. Lembre-se de que muitas pessoas possuem tiques nervosos; esses NUNCA devem ser espelhados.

Movimentos constantes

Ficar balançando os pés, "batucando" com os dedos, passando as mãos nos cabelos, ou qualquer gesto que se repita com frequência. Muito cuidado aqui, pois sua forma de espelhar deve ser particularmente sutil; a pessoa não deve perceber seu "espelhamento" de forma consciente, o objetivo é espelhar de forma que só o inconsciente dela capte a mensagem.

Postura corporal

A forma de cruzar as pernas, pernas relaxadas e esticadas, braços cruzados ou soltos e relaxados, ombros tensos ou relaxados ou qualquer outra postura corporal que observe. Faça esse espelhamento após um tempo do gesto do outro, se fizer simultaneamente ficará evidente a sua intenção.

Comportamento cruzado

Balançar sua mão no mesmo ritmo da respiração do outro ou balançar seus pés no ritmo do piscar dos olhos dele – aqui se encaixa qualquer comportamento que você observe e iguale a outro comportamento seu. Esse tipo de espelhamento dificulta a percepção da outra pessoa, mas mesmo assim tenha cautela.

Altura, velocidade e tom de voz

Observe esses três pontos de sua fala e corresponda espelhando-as para que se tornem semelhantes nesses aspectos. Lembre-se de que se seu jeito "natural" for o oposto não tente espelhar este item, pois ficará evidente seu esforço de igualar e você será desmascarado.

Predicados

Aconchegante, gostoso, leve, bonito, apertado, claro, escuro etc.

Escute os predicados mais utilizados e os utilize também, mas com sutileza, sem exageros.

Um lembrete importante na utilização do Rapport é procurar espelhar cada vez mais os comportamentos menos óbvios, pois dessa forma você estará usando sua sutileza.

Como o objetivo da utilização do Rapport é positivo, pois visa a conseguir um maior entendimento, podemos mensurar o progresso do que estamos fazendo. Se depois de certo tempo o interlocutor iniciar um processo de "repetição ou espelhamento" de nossas mudanças corporais, teremos a prova de que alcançamos o Rapport.

Woo Sing e o Espelho

Um dia, o pai de Woo Sing chegou em casa com um espelho trazido da cidade grande.

Woo Sing nunca vira um espelho na vida. Dependuraramno na sala enquanto ele estava brincando lá fora; quando voltou, não compreendeu o que era aquilo, pensando estar na presença de outro menino.

Ficou muito alegre, achando que o menino viera brincar com ele.

Ele falou muito amigavelmente com o desconhecido, mas não teve resposta.

Riu e acenou para o menino no vidro, o qual fazia a mesma coisa exatamente da mesma maneira.

Então, Woo Sing pensou: "Vou chegar mais perto. Pode ser que ele não esteja me escutando". Mas quando começou a andar, o outro menino logo o imitou.

Woo Sing estacou e ficou pensando nesse estranho comportamento. E disse para si mesmo:

"Esse menino está zombando de mim, faz tudo o que eu faço!"

E quanto mais pensava, mais zangado ficava. E logo reparou que o menino estava zangado também.

Isso acabou por exasperar Woo Sing! Ele deu um tapa no menino, mas só conseguiu machucar a mão e foi chorando até seu pai. Este lhe disse:

– O menino que você viu era a sua própria imagem. Isso deve ensinar você uma importante lição, meu filho. Tente não perder a cabeça com as outras pessoas. Você bateu no menino no vidro e só conseguiu machucar a si mesmo.

"E lembre-se de que: na vida real, quando você agride sem motivo, o mais magoado é você mesmo".

William J. Bennet

2

EVITANDO DISCUSSÕES

Qualidades de um bom comunicador

Um bom comunicador sabe que não deve se opor aos pontos de vista alheios, pois isso gera um desafio verbal. Ele também percebe a criação de resistências, mas consegue encontrar pontos de concordância na conversa e, a partir daí, redireciona a comunicação, da forma que achar melhor. Age como um mestre de artes marciais, com total flexibilidade.

Desta forma, devemos desenvolver algumas qualidades importantes, que entendemos como ideais para uma comunicação de alto nível. Todas podem ser conquistadas, mas exigem persistência e comprometimento, pois o melhor professor para ensiná-las é o tempo, desde que haja profundo interesse de quem as busca. São elas:

- Saber ouvir
- Concordância
- Simpatia
- Compreensão

Saber Ouvir

Quando pensamos em comunicadores fazemos uma ligação direta com palestrantes ou pessoas que falam para que outros ouçam. Dificilmente percebemos que bons comunicadores são aqueles que conseguem gerar um estado de aceitação em relação às suas ideias, independente do nível de discordância do interlocutor.

Caso possamos focar o comunicador por esse aspecto, percebemos que seu maior esforço e concentração estarão em ouvir profundamente as pessoas à sua volta, pois ele sabe que seus argumentos estão nas palavras do outro e que, se não conseguir dar-lhes a atenção necessária, provavelmente não receberá a atenção deles.

Desta forma, podemos imaginar que a primeira qualidade do comunicador é o ouvir, ouvir e ouvir, para só depois falar, praticando a segunda qualidade que deve desenvolver – a concordância.

Concordância

Grande parte das pessoas acreditam que a melhor forma de chamar a atenção para si é encontrar pontos de discordância em relação a outra pessoa e, a partir daí, iniciar a defesa polêmica e determinada dos pontos de vista contraditórios. Essa habilidade, em distinguir as opiniões diferentes, requer muito menos esforço e aparentemente gera uma superioridade em relação ao oponente. Perceba que para isso acontecer só necessitamos avaliar e julgar o outro e, por conseguinte, encontraremos pontos a serem criticados que nos demonstram que não somos menos que o outro.

Os bons comunicadores aprenderam que é mais fácil encontrar primeiro os pontos de vista concordantes, para depois conversar (e não discutir) sobre os discordantes.

Lembre-se de que na maior parte das vezes não nos preocupamos em encontrar pontos de concordância em função de nossas crenças de sociedade. Somos latinos e "gostamos" de discutir, discordar, demonstrar que temos nossas próprias ideias e, portanto, o "concordar" parece um atitude fraca de alguém que não tem opinião.

Podemos começar a perceber que a concordância pode ser entendida como "deixar de discordar" e não há a necessidade de concordar explicitamente. Digamos que essa é uma forma educada e moderna de mantermos um diálogo, no qual o mais importante é a continuidade do sentimento positivo em vez do sentimento de vitória para, assim, preparamos o campo para expressar a terceira qualidade – a simpatia.

Simpatia

Com frequência, encontramos pessoas que sempre procuram esboçar um sorriso no rosto e independentemente da notícia que recebem continuam sorrindo; é como se elas usassem permanentemente uma das "máscaras da dramaturgia" e, assim, seus verdadeiros sentimentos ficam resguardados. É provável que elas acreditem que o sorriso é a fórmula perfeita para serem consideradas "simpáticas".

Se acreditarmos que somente um sorriso já nos torna uma pessoa simpática, todos que possuem esse objetivo tornar-se-iam sorridentes constantes. Devemos aprofundar esse conceito, pois a verdadeira simpatia está intimamente ligada à empatia e esta exige um esforço bem maior do que o sorriso. A empatia não trás o sorriso como máscara, porém, é cheia de sentimentos e principalmente atenção pela outra pessoa. A empatia é o que nos torna humanos, pois aprendemos a sentir o que o outro está sentindo.

A profundidade desse conceito é tão grande que imaginem a dificuldade de dar atenção se formos preconceituosos ou cheios de pré-conceitos, ou ainda donos de uma autoestima destruidora, que nos coloca constantemente em um pedestal.

A atenção requer e exige aceitar o outro como ele é, e para isso é necessário o abandono do julgamento e das conclusões precipitadas.

Devemos lembrar que a simpatia empática, a qual é a verdadeira simpatia, deve ser sincera, deve sair do fundo de nossa alma, se for apenas externa, cedo ou tarde será desmascarada, bastam alguns momentos mais intensos de convivência e ruirá. Pessoas que se utilizam da falsa simpatia e são desmascaradas são vistas como notas de R$ 3,00. Alterar essa imagem de falsidade perante os outros não é fácil, pois requer a construção de uma nova imagem, e para tal são necessários muita dedicação e tempo.

Compreensão

"Nós só damos ao mundo o que sobra dentro de nós".

Como ser compreensivo com os outros, se não somos conosco?

Ser compreensivo é uma das qualidades mais difíceis de serem praticadas, pois não basta achar que compreendemos o outro, ele é que deve sentir que foi compreendido. É comum a busca de livros, cursos e outros para aprendermos a compreender o outro, porém todos esses recursos nos darão "probabilidades" em que as pessoas estarão selecionadas e separadas por características generalizadas, e precisamos entender que só estamos vendo um "mapa" do outro e, se tivermos coragem para percorrer o território mapeado, perceberemos que existem enormes diferenças. "O mapa não é o território".

A compreensão exige uma reformulação completa de quem somos, pois ela precisa ser praticada com a alma e, se essa não for pura e leve, conseguiremos quando muito compreender superficialmente.

Compreender seu interlocutor é dar tamanha atenção ao que ele lhe diz que entende até o que não é dito, isto é, ir além das palavras.

"O melhor soldado não ataca. O lutador superior vence sem violência. O maior dos conquistadores vence sem esforço. O gerente mais bem-sucedido dirige sem impor. Isso é chamado de não-agressividade inteligente. Isso é chamado de superioridade dos homens".

Lao Tsé, Tao Te-King

O Sol e o Vento

O sol e o vento discutiam sobre qual dos dois era mais forte e o vento disse:

– Provarei que sou o mais forte. Vê aquele velho que vem lá embaixo com um capote? Aposto como posso fazer com que ele tire o capote mais depressa do que você.

O sol recolheu-se atrás de uma nuvem e o vento soprou até quase se tornar um furacão, mas quanto mais ele soprava, mais o velho segurava o capote junto a si. Finalmente o vento acalmou-se e desistiu de soprar.

Então o sol saiu de trás da nuvem e sorriu bondosamente para o velho. Imediatamente ele esfregou o rosto e tirou o capote.

O sol disse então ao vento que a gentileza e a amizade eram sempre mais fortes que a fúria e a força.

FRASES DE HÁBEIS COMUNICADORES

Benjamin Franklin – Quando você discute, inflama-se e se contradiz, pode, algumas vezes, conseguir uma vitória, mas será uma vitória sem proveito porque nunca contará com a boa vontade de seu oponente.

Buda – Ódio nunca termina por ódio, mas por amor. E um mal-entendido nunca termina pela discussão, mas pela tática, diplomacia, conciliação e um desejo simpático de ver o ponto de vista da outra pessoa.

Isaac Marcosson (jornalista) – Muitas pessoas deixam de causar uma boa impressão porque não ouvem atentamente. Acham-se tão interessadas no que vão dizer em seguida que não abrem os ouvidos. Grandes homens disseram-me que preferem bons ouvintes a bons faladores, mas a habilidade de ouvir parece mais rara do que qualquer outra boa maneira.

Jack Woodford (escritor) – Poucos seres humanos estão à prova da vaidade de uma atenção interessada.

Roosevelt – Se deseja provar alguma coisa, não deixe que ninguém se aperceba disso. Faça-o tão sutilmente que ninguém perceba o que você está fazendo.

Dale Carnegie – Nunca comece dizendo – vou provar isto ou aquilo – equivale a dizer "Sou mais inteligente que você. Vou dizer-lhe uma coisa ou duas e mudar sua opinião".

Carl Rogers – Nossa primeira reação à maioria das afirmações é uma avaliação ou um julgamento, mas não uma compreensão dessas pessoas. Quando alguém expressa sentimentos, atitudes ou crenças, nossa tendência é quase imediatamente sentir que "isto é tolice" "é certo", "é anormal", "é insensato", raramente nos permitimos compreender precisamente o que significam as afirmações para a outra pessoa.

Martin Luther King – Julgo as pessoas pelos seus próprios princípios e não pelos meus.

Em uma discórdia, concorde!

Benjamin Franklin criou uma regra em sua vida: evitar toda contradição direta aos sentimentos alheios, bem como toda afirmativa decisiva de sua parte. Ele disse: – Cheguei a proibir-me o uso de toda palavra ou expressão de linguagem que importasse uma opinião fixa, tais como: "certamente, indubitavelmente ou qualquer outra que desse um ar de certeza a uma opinião". E passei a adotar:

- Parece para mim...,
- Imagino que isso seja assim...
- Isso é assim, se não me engano.
- Eu não pensaria isso ou aquilo, por tais e tais razões...

As palavras que Benjamin Franklin aboliu de seu vocabulário causam resistências e reações negativas, pois são impositivas, não dão abertura à pessoa que escuta para expor seus pensamentos ou considerações sobre o assunto. Já as que ele passou a adotar geram leveza e mantêm a harmonia numa comunicação.

Não foi sem motivo que Benjamin Franklin foi respeitado por sua capacidade de persuasão.

Há palavras que são pequenas e, mesmo assim, causam estragos numa comunicação por serem destrutivas, pois tiram todo o valor das outras palavras que as precederam. As palavras são as condicionais – mas, contudo, entretanto, todavia, embora, portanto e outras.

Eu entendi o que você está falando, mas...

Eu conheço suas qualidades, entretanto...

Eu concordo com você, embora...

Repare como qualquer frase que esteja antes da palavra condicional perde sua importância, pois as condicionais negam tudo o que foi dito anteriormente.

Portanto, muito cuidado com essas palavras, as pessoas automaticamente só escutarão e levarão em consideração o que será dito depois delas.

Essas palavras podem ser desastrosas numa comunicação e atrapalhar uma conversa que até então estava harmoniosa.

A boa notícia é que há também frases nobres numa comunicação que, ao contrário das palavras condicionais, favorecem a comunicação da seguinte forma:

- geram respeito entre as pessoas;
- mantêm a harmonia da conversa;
- não geram oposição às opiniões dos outros;
- criam uma estrutura de entendimento que os une;

Essas frases são compostas de verbos de concordância como:

- Eu aprecio... e...
- Eu respeito... e...
- Eu concordo... e...
- Eu entendo... e...
- Eu aceito... e...

Perceba que após o "e" você redirecionará a comunicação da forma que desejar, podendo expor suas opiniões sem causar resistências, diferentemente das condicionais.

Vamos supor que você esteja discutindo com alguém sobre atentados terroristas. Você é a favor de um planejamento nos atos antiterroristas e ele é a favor da busca desenfreada e extinção dos mesmos. Vocês dois podem se ver como rivais, no entanto, têm a mesma preocupação, a segurança da população, um mundo com paz. Se a outra pessoa diz: – A única maneira de acabar com esse pesadelo é banir os terroristas, custe o que custar. Em vez de discutir com ele, você diz: – Eu realmente aprecio seu desejo de segurança e paz para a população e penso que pode haver formas mais eficientes de resolver este problema, visto que já morreu muita gente inocente nessas perseguições. O que você acha da possibilidade de...

Com essa forma de comunicação a pessoa sente-se respeitada, sente-se ouvida e não há disputa ou desentendimento. **Não importa o que alguém diga, você sempre encontrará alguma coisa para apreciar, respeitar e concordar.**

Há outra frase, citada por Dale Carnegie que diz: – Eu não o condeno num ponto sequer por pensar assim. Se eu estivesse em seu lugar, sem dúvida nenhuma, pensaria exatamente como você. Dessa forma você estará cessando uma discussão, eliminando um sentimento hostil, despertando boa vontade e fazendo as outras pessoas ouvirem atentamente o que tem a dizer.

O Poder da Doçura

O viajante caminhava pela estrada, quando observou o pequeno rio que começava tímido por entre as pedras. Foi seguindo-o por muito tempo. Aos poucos, ele foi tomando volume e se tornando um rio maior. O viajante continuou a segui-lo.

Bem mais adiante, o que era um pequeno rio se dividiu em dezenas de cachoeiras, num espetáculo de águas cantantes.

A música das águas atraiu mais o viajante, que se aproximou e foi descendo pelas pedras, ao lado de uma das cachoeiras. Descobriu, finalmente, uma gruta.

A natureza criara com paciência caprichosa, formas na gruta. Ele a foi adentrando, admirando sempre mais as pedras gastas pelo tempo.

De repente, descobriu uma placa. Alguém estivera ali antes dele. Com a lanterna, iluminou os versos que nela estavam escritos. Eram versos do grande escritor Tagore, prêmio Nobel de literatura de 1913: "Não foi o martelo que deixou perfeitas estas pedras, mas a água, com sua doçura, sua dança e sua canção. Onde a dureza só faz destruir, a suavidade consegue esculpir".

FEEDBACK

Uma ferramenta importante
para o crescimento pessoal e profissional

Qual de nós já se perguntou: Qual a minha missão? O que eu vim fazer neste mundo?

Provavelmente a grande maioria de nós já fez essas perguntas uma, duas ou muitas vezes. Vamos imaginar que todos nós temos a mesma missão maior e que esta missão é tão simples e lógica que a maioria diga: – Mas só isso?

Veja como o mundo, com toda a sua complexidade, acaba sendo regido por ciclos simples e contínuos, por exemplo, todos sempre estamos preocupados em melhorar em algo, em aprender alguma coisa nova, em conhecer algo mais. Portanto, podemos concluir que a nossa missão maior é EVOLUIR, isto é, ser hoje melhor que ontem e amanhã melhor que hoje, mas nós só conseguiremos evoluir se soubermos em que necessitamos melhorar e é justamente nesse momento que o Feedback se torna MUITO importante.

A palavra Feedback é utilizada em boa parte do mundo e não tem uma tradução exata, mas consideramos que seja o conceito de retorno que é dado a outra pessoa em relação a algum comportamento do mesmo.

Veja que o Feedback é dado sobre comportamentos e não sobre gostos ou opiniões.

O Feedback quando utilizado de forma correta evita discussões, desavenças e mal-entendidos, visto que proporciona um ambiente de crescimento e entendimento.

Como ele deve ser dado sobre comportamentos, primeiro devemos deixar bem explícito de qual comportamento estamos falando e sempre um por vez, para que não pareça perseguição ou apenas uma queixa contra a pessoa. Depois precisamos dizer como este comportamento me afeta ou prejudica. O mais importante é iniciar o diálogo reconhecendo comportamentos positivos que a pessoa tenha, pois isso demonstra nossa intenção de colaborar e não de criticar, facilitando a pré-disposição em escutar.

Da mesma forma, ao receber um Feedback devemos ouvir com atenção, demonstrando muito interesse; se for necessário, pedir um esclarecimento de quando e o que aconteceu. A maior dificuldade é perceber que só dá Feedback quem é seu amigo, pois ele não está criticando ou diminuindo, mas sim colaborando com seu crescimento pessoal.

Elisabeth Kubler Ross, psiquiatra que nasceu em 1926 em Zurique (Suíça) deixou à medicina um modelo interno de sentimentos (cinco estágios) passados por pessoas que necessitam lidar com a perda, com o luto, uma tragédia e até mesmo com um divórcio. Ela alega que esses cinco estágios nem sempre ocorrem na mesma ordem, nem são todos experimentados por todos, mas afirmou que uma pessoa sempre apresentará pelo menos dois desses estágios. São eles: A Negação, A Raiva, A Negociação, A Depressão e A Aceitação.

Verificamos que esses mesmos estágios também se apresentam quando recebemos uma informação "negativa" a nosso respeito ou de nosso comportamento.

A reação ao Feedback varia de pessoa para pessoa, mas percebemos que as pessoas seguem o modelo de Kubler Ross, isto é, no primeiro momento entramos em processo de NEGAÇÃO: Eu não fiz isso! Não foi bem assim! Deixe-me explicar! Você sabe que eu não estava bem naquele dia! E outras infinitas respostas de negação.

No segundo momento ficamos irritados, nervosos e com RAIVA e podemos falar ou agir de forma irracional. Nesse momento podemos gerar situações desagradáveis com amigos ou pessoas próximas – tornando-se pessoa de difícil relacionamento.

No terceiro momento entramos em processo de NEGOCIAÇÃO interna na qual começamos a perceber que existe realidade ou fundamento na informação recebida, buscamos ainda, nesse momento, uma justificativa ou explicação, mas já estamos começando a admitir que temos mesmo o comportamento apontado e que ele não é positivo.

No quarto momento entramos em processo de autopiedade, nos sentimos diminuídos pela consciência de saber que realmente praticamos aquele comportamento apontado e que isso não foi bom para ninguém, é como se estivéssemos em DEPRESSÃO, e algumas pessoas que já estão passando por dificuldades emocionais realmente entram em depressão nesse momento.

Agora sim, chegamos ao quinto momento, A ACEITA-ÇÃO, na qual sabemos que agimos daquela forma, sabemos que ela não é positiva e procuramos nos controlar para que isso não volte a se repetir, encontrando formas alternativas e positivas de agir de agora em diante.

Este processo inteiro pode se iniciar e terminar em minutos, horas, dias, semanas ou, até mesmo, pode nunca se completar.

O que determinam esse tempo, que engloba desde A NEGAÇÃO até A ACEITAÇÃO, são basicamente dois fatores:

- A qualidade do Feedback dado, ou seja, ele respeitou a estrutura adequada? Elogio, permissão, informação e entendimento?
- A disposição interna para receber o Feedback, a pessoa estava no momento certo para recebê-lo? A pessoa confia em quem está dando o Feedback? A pessoa entendeu a informação transmitida?

  Infelizmente muitos de nós já recebemos Feedback que não aceitamos até hoje e normalmente dizemos algumas frases conhecidas do tipo:
- Quem é ele para me criticar?
- Ele só vê o lado do outro, nem quis me escutar!
- Ninguém me entende, sou sempre o culpado!
- Ele tem inveja e quer me prejudicar!

Lembre-se de que todo fato pode ser interpretado de várias maneiras e quem escolhe a interpretação sempre somos nós. Dependendo do nosso estado de espírito naquele momento é que fazemos a escolha mais equilibrada ou mais tendenciosa.

O Feedback também pode acontecer de forma sublime e sem restrições interpretativas, isso acontece quando a pessoa que recebe o Feedback passa só por 2 estágios, A NEGOCIA-ÇÃO e A ACEITAÇÃO. Ela recebe a informação "negativa" com relação ao seu comportamento, rapidamente entra em processo de **negociação** interna atestando o fundamento da informação e, em seguida, **aceita** a informação e procura novas formas de agir para que não se repita o erro. Dessa forma o Feedback foi aceito de prontidão e sem ressentimentos

Para que isso aconteça a pessoa que recebeu o Feedback precisa ter um grau elevado de autoconhecimento e aceitação, e quem deu o Feedback precisa ter habilidade na comunicação.

Acreditamos ser importante esclarecer a você que um comportamento só pode ser aceito como "negativo" se estiver inserido num contexto específico. Não existe comportamento que seja negativo em todos os contextos. Alguém fala que você agiu com ansiedade para fechar determinado contrato, pode ser que naquele contexto sua ansiedade atrapalhou, mas sabemos que a ansiedade também torna uma pessoa mais próativa, são pessoas mais produtivas, então a ansiedade em si pode ser prejudicial em algum contexto e benéfica em outros. Por isso devemos nos ater ao contexto e nunca nos desvalorizar, pois recebi uma informação de um comportamento meu inserido naquele contexto, só isso, e isso não me faz menor.

Devemos fazer uma observação importante – nós, latinos, costumamos chamar o Feedback de **crítica**, mas é fundamental lembrarmos de que o Feedback é sempre positivo, pois tem por objetivo colaborar com o crescimento da pessoa que o recebe.

3

O PODER DAS CRENÇAS NA COMUNICAÇÃO

*Se você acredita que pode ou acredita que não pode,
de qualquer forma você está certo!*
HENRY FORD

As crenças são generalizações que fazemos a nosso respeito, acerca de outras pessoas e do mundo ao nosso redor. Elas são os princípios que orientam nossas ações. Embora tenhamos crenças muito arraigadas e importantes, também podemos ser flexíveis naquilo que escolhemos acreditar.

Possuímos uma infinidade de crenças, algumas são de nosso conhecimento, outras não. Elas provêm do que escutamos desde a infância, de pessoas próximas ou das que respeitamos as opiniões.

Temos crenças relativas à família, ao trabalho, aos amigos, às nossas capacidades, à vida afetiva, enfim, temos crenças sobre todos os aspectos de nossa vida.

Sobre algumas crenças temos coragem de conversar com os outros, sobre outras temos vergonha de dizer que temos e outras nem temos a consciência de tê-las.

A escolha das crenças certas é que faz a diferença entre uma pessoa fracassada e uma vitoriosa.

Nos esportes é fácil identificar quando uma pessoa cultiva crenças boas para seu desempenho ou não. No tênis, por exemplo, quando o nosso Guga estava no topo do ranking mundial, seu olhar, suas expressões, seus gestos em quadra, tudo dava a entender que ele cultivava crenças de vencedor, ele acreditava em suas capacidades.

Se algo inesperado, como uma lesão, por exemplo, acontece com um esportista profissional, é natural que o mesmo sinta-se inseguro sobre suas capacidades, e perca esse acreditar que fazia a diferença.

Percebe como um acontecimento na vida de alguém pode balançar suas crenças? Por isso temos que ter muito cuidado com aquilo em que acreditamos. Isso pode fazer toda a diferença.

Lembra-se de quando Ayrton Senna era entrevistado logo antes de correr? Percebíamos sua atitude vencedora, e só dá para ter atitudes vencedoras se cultivamos crenças vencedoras.

O mais importante de tudo isso é que podemos escolher **no que acreditar,** então por que não cultivar crenças que nos trazem benefício?

Crenças agem como profecias autorrealizáveis

Isso significa que quando temos uma crença fazemos de tudo para que ela se confirme, mesmo sendo uma crença que não nos favoreça. Exemplificando: vamos supor que alguém tenha a seguinte crença "As pessoas tem dificuldade para entender o que eu falo, não consigo ser claro o suficiente", esta crença faz com que esta pessoa realmente fale de forma a não ser entendida, ela irá de forma inconsciente (pois não tem consciência do que faz) se comunicar de forma difícil ou complicada. Isso torna sua crença verdadeira. Outra pessoa tem a seguinte crença "Quando estou falando para uma plateia sinto-me inibido", esta crença fará com que ela aja perante o público de forma inibida. De alguma forma ela demonstrará sua inibição, seja pela postura, pelo tom de voz, pelos gestos etc... e, sendo assim, confirmará sua crença.

São inúmeros os exemplos de pessoas públicas que admiramos e percebemos como constantemente demonstram sua autoconfiança e autoestima. Eles só conseguem apresentar esse quadro positivo porque acreditam que possuem capacidades para fazer o que fazem ou acreditam ser a pessoa mais indicada naquele momento para fazê-lo. Portanto, nossa admiração, na realidade, é um reflexo da perplexidade que sentimos ao constatar suas crenças. Pode nos parecer impossível adquirirmos crenças tão fortes quanto às deles, mas não é.

Parece simplório afirmarmos que tudo se inicia com a construção de uma crença e que basta tê-la para conseguir. O que estamos afirmando é que sem acreditar em algo, nada se inicia e, com certeza, dificuldades e obstáculos surgirão, porém quanto mais forte for a crença, maior será a possibilidade de não desistir.

Quando acreditamos com convicção que alguma coisa é verdadeira, é como se mandássemos um comando para nosso cérebro, de como representar esse fato como verdadeiro, e ele o fará.

É a nossa crença que determina quanto de nosso potencial seremos capazes de liberar. As crenças podem abrir ou fechar o fluxo de ideias. Imagine a seguinte situação. Alguém lhe diz: – Por favor, pegue-me a chave, e enquanto você vai para a sala ao lado procurar a chave, diz: – Mas eu não sei onde ela está. Depois de procurar durante uns poucos minutos, você grita: – Não consigo encontrar a chave. Então, aquela pessoa dirige-se para lá, pega a chave na prateleira bem à sua frente e diz: – Olhe, está aqui, bem à sua frente. Se fosse uma cobra, teria picado você". Quando você disse: – Eu não sei, eu não consigo, você deu ao seu cérebro um comando para não ver a chave. Em psicologia chama-se isso de Escotoma, mancha imóvel que ocupa uma fonte do campo visual. O Escotoma realmente o impede de ver a chave, mas ele só surgiu, mediante o que você falou e acreditou.

Lembre-se de que toda experiência humana, tudo o que você já disse, viu, ouviu, sentiu, cheirou ou degustou está arquivado em seu cérebro.

Quando você diz congruentemente que não pode se lembrar, está certo. Quando diz que pode, você dá uma ordem a seu sistema nervoso, o qual abre os caminhos para a parte do cérebro que tem capacidade de dar as respostas necessárias.

As crenças não se baseiam necessariamente numa estrutura lógica de ideias. Ao contrário, sabemos o quão pouco elas reagem à lógica. Não se pode esperar que elas coincidam com a realidade. Uma velha história contada por Abraham Maslow serve como ilustração do que acabo de dizer. Um psiquiatra estava tratando de um homem que pensava ser um cadáver. Apesar de todos os argumentos lógicos do psiquiatra, o homem persistia em sua crença. Em um momento de inspiração, o psiquiatra perguntou ao homem: – Um cadáver sangra? O paciente respondeu: – Que pergunta ridícula! é claro que não! Após lhe pedir permissão, o psiquiatra fez um furo no dedo do paciente, de onde saiu uma gota de sangue. O paciente olhou para o sangue com nojo e surpresa e exclamou:

– Nossa doutor, agora eu entendi, não é que morto sangra!

Não subestime o poder de uma crença!

O leitor poderá ver abaixo alguns exemplos de crenças. Perceba as consequências que poderão advir para uma pessoa que cultive algumas dessas crenças.

- As pessoas não mudam.
- Eu não consigo vender nada.
- É fácil ganhar peso após o casamento.
- Eu não posso errar.
- Eu não sou bem-sucedido porque fui mimado.
- Só conseguirei o respeito dos outros se eu for autoritário em minhas palavras.
- Há pessoas compreensivas em minha vida.
- O meu trabalho é prazeroso.
- Meu sucesso é avaliado pela minha conta bancária.
- Meu sucesso depende da correção dos meus erros passados.
- Se parar de fumar vou tornar-me uma pessoa mal-humorada.
- Minha gordura é genética.
- Vivo de acordo com minha missão de vida.
- Depois da conquista vem à acomodação.
- Tudo que faço sai bem feito.
- As pessoas gostam de minha presença.
- Eu sempre serei ativo sexualmente.

- A qualidade de meus pensamentos determina minha saúde mental.
- Eu não sei o que falar diante de pessoas cultas.
- Se eu me casar perderei minha liberdade.
- Eu sempre fui magro e vou continuar assim.

Volto a lembrar: quando acreditamos em algo, fazemos de tudo para que essa crença se confirme! Seja ela positiva ou não.

O HABITAT DAS CRENÇAS

Se você já é consciente de algumas crenças que possui, que não lhe estão fazendo bem, saber em que nível interior ela está situada, pode lhe ajudar a cultivar crenças positivas nesse nível em questão, para anular o poder da antiga.

Nós temos crenças nos níveis: ambiente, comportamento, capacidade, valores e identidade.

Crenças do Nível Ambiente

São suposições que fazemos referentes: ao lugar onde moramos, ao lugar onde trabalhamos, às pessoas com quem trabalhamos, às nossas amizades, às pessoas com quem convivemos.

Exemplos

- Trabalho bem com minha equipe.
- A cidade onde moro é próspera.
- As minhas amizades não são duradouras.
- A empresa onde trabalho possibilita meu crescimento.
- A minha família não apoia minhas decisões.

Crenças do Nível Comportamento

São suposições que fazemos em relação aos nossos comportamentos.

Exemplos

- Falo alto demais, isso assusta as pessoas.
- Dormir até tarde faz mal à saúde.
- Assistir televisão torna-me pessimista.
- Levar trabalho da empresa para casa prejudica minha família.
- Dar atenção às pessoas é fundamental.

Crenças do Nível Capacidade

São suposições que fazemos sobre nossas capacidades.

Exemplos

- Tenho excelentes habilidades de comunicação.
- Sei jogar tênis.
- Não tenho boa fluência verbal.
- Tenho facilidade para gerar aliados.
- Não sei transmitir mensagens com clareza.

Crenças do Nível Valores

São suposições que fazemos sobre o que consideramos importante para nós.

Exemplos

- Estabilidade financeira gera saúde.
- No trabalho deve haver honestidade.
- Para ser bem-sucedido deve-se cultivar o bom humor.
- O amor supera conflitos.
- Devemos ter orgulho do que fazemos.

Crenças do Nível Identidade

São suposições que fazemos sobre nós mesmos. Identidade é o senso de si mesmo.

Exemplos

- Sou um bom orador.
- Sou inflexível.
- Sou um bom gerente.
- Sou rude com as pessoas.
- Sou carinhoso com minha família.

Nos exemplos citados acima, preferimos mesclar crenças positivas e negativas para que você aprenda a identificar as crenças que lhe levaram aonde está agora, sejam elas positivas ou negativas.

Faça uma relação das crenças negativas que possui, avalie em qual nível ela está situada. Agora você já sabe onde precisa cultivar crenças mais eficazes para alcançar seus objetivos.

A MEIA-VERDADE

Relata-se o seguinte incidente envolvendo o profeta Maomé. O profeta e um dos seus companheiros entraram numa cidade para ensinar.

Logo, um adepto de seus ensinamentos aproximou-se e disse:

– Meu senhor, não há nada exceto estupidez nesta cidade. Os habitantes são tão obstinados! Ninguém quer aprender nada. Tu não irás converter nenhum desses corações de pedra.

O profeta respondeu bondosamente:

– Tu tens razão.

Logo depois, outro membro da comunidade abordou o profeta. Cheio de alegria, ele disse:

– Mestre, tu estás numa cidade abençoada. O povo anseia por receber o verdadeiro ensinamento e as pessoas abrem seus corações à tua palavra.

Maomé sorriu bondosamente e novamente disse:

– Tu tens razão.

– Ó mestre – disse o companheiro de Maomé – tu disseste ao primeiro homem que ele tinha razão e ao segundo homem, que afirmou o contrário, tu disseste que ele também tinha razão. Pois negro não pode ser branco.

Maomé respondeu:

– Cada um vê o mundo do jeito que espera que seja. Por que deveria eu refutar os dois homens? Um deles vê o mal, o outro, o bem. Tu dirias que um deles vê falsamente? Não são as pessoas aqui e em toda parte boas e más ao mesmo tempo? Nenhum dos dois disse algo equivocado, disseram apenas algo incompleto.

Nossrat Peseschkian

CRENÇAS LIMITANTES E FORTALECEDORAS

Já falamos sobre o poder que nossas crenças exercem sobre nossas atitudes, e o quanto eu posso ter dificuldades em alcançar o que quero em função das crenças que possuo hoje. Agora vamos dar alguns exemplos de crenças limitantes e fortalecedoras, ou seja, crenças que limitam nossas atitudes e crenças que nos fortalecem.

Crenças limitantes na comunicação:

- Não sei me expressar corretamente.
- Meu tom de voz é muito alto, tornando-me ofensivo.
- Sou tímido ao falar em público.
- Não sei despertar o interesse das pessoas.
- Tenho medo da rejeição das pessoas.
- Não tenho segurança ao falar.
- Sou muito crítico comigo.
- Não posso errar, isso é uma vergonha.

Pessoas que possuem crenças deste tipo, provavelmente terão mais dificuldades em sua comunicação. Mas lembrem-se de que nós podemos escolher em que acreditar. Se essas não estão lhe fazendo bem cultive outras em seu lugar.

Explicaremos mais adiante um processo de substituição de crenças.

Crenças fortalecedoras na comunicação:

- Sou uma pessoa carismática
- Quando falo, gero a atenção das pessoas.
- Falo o que tenho convicção, se não sei, não falo.
- Falo o que penso e as pessoas me entendem.
- Tenho segurança ao transmitir uma mensagem.
- Eu sou uma pessoa simpática e agradável.
- As pessoas gostam de me ouvir.
- Se erro, sou normal, quem não erra!

ACREDITAR E AGIR

Um viajante caminhava pelas margens de um grande lago de águas cristalinas e imaginava uma forma de chegar até o outro lado, onde era seu destino.

Suspirou profundamente enquanto tentava fixar o olhar no horizonte. A voz de um homem de cabelos brancos quebrou o silêncio momentâneo, oferecendo-se para transportá-lo. Era um barqueiro.

O pequeno barco envelhecido, no qual a travessia seria realizada, era provido de dois remos de madeira de carvalho. O viajante olhou detidamente e percebeu o que pareciam ser letras em cada remo. Ao colocar os pés empoeirados dentro do barco, observou que eram mesmo duas palavras. Num dos remos estava entalhada a palavra acreditar e no outro agir.

Não podendo conter a curiosidade, perguntou a razão daqueles nomes originais dados aos remos. O barqueiro pegou o remo, no qual estava escrito acreditar, e remou com toda força. O barco, então, começou a dar voltas sem sair do lugar em que estava. Em seguida, pegou o remo em que estava escrito agir e remou com todo vigor. Novamente o barco girou em sentido oposto, sem ir adiante.

Finalmente, o velho barqueiro, segurando os dois remos, movimentou-os ao mesmo tempo e o barco, impulsionado por ambos os lados, navegou através das águas do lago, chegando calmamente à outra margem.

Então o barqueiro disse ao viajante:

– Este barco pode ser chamado de autoconfiança. E a margem é a meta que desejamos atingir.

– Para que o barco da autoconfiança navegue seguro e alcance a meta pretendida é preciso que utilizemos os dois remos ao mesmo tempo e com a mesma intensidade agir e acreditar.

Autor desconhecido

O nascimento das crenças

Já falamos anteriormente que temos crenças sobre todos os aspectos de nossa vida, mas como criamos nossas crenças? Vamos discorrer sobre alguns pontos que contribuem para a criação das mesmas.

As crenças são criadas mediante três aspectos, o ambiente (local que conviveu quando criança, ou que convive no presente), conhecimento (pelo conhecimento que adquirimos ao longo da vida), e resultados passados (os resultados que já obtivemos influenciam na criação das crenças).

Ambiente

Se, convive com pessoas de histórico vencedor, positivas e otimistas, esse ambiente lhe favorece na construção de suas crenças. Se você foi criado num ambiente de sucesso ficou mais fácil cultivar crenças positivas, mas se não foi, está em sua capacidade procurar um ambiente que lhe favoreça o sucesso.

Conhecimento

Tudo o que te acontece durante a vida é uma forma de conhecimento, pois você aprendeu algo com isso. Outra forma é a obtida pela sua leitura, vendo filmes, discutindo com os outros diferentes pontos de vista e até mesmo sua reflexão sobre você e sua vida. O conhecimento é uma das grandes maneiras de quebrar algemas de um ambiente limitador. Não importa quão rígido seja seu mundo; se puder ler sobre as realizações dos outros, pode criar as crenças que lhe permitirão atingir o que quer.

Resultados Passados

A maneira mais certa para criar a crença de que você pode fazer alguma coisa, é fazê-la uma vez. Só uma vez. Se você for bem sucedido em algo uma única vez, é bem mais fácil formar a crença de que fará novamente com êxito. O problema é que somos muito exigentes conosco. Se perguntarmos a alguém sobre suas realizações, a grande maioria terá dificuldade de encontrá-las, pois buscam feitos grandiosos. Na verdade, valorizamos pouco o que já conseguimos em nossas vidas. Focamos muito mais, no que está faltando.

Se você estiver em dúvida se realmente somos muito rigorosos com nossos feitos, me responda: quando te perguntam sobre suas qualidades, é fácil responder? Você possui uma lista de conquistas que te deram orgulho? Você, antes de dormir pensa em tudo que já fez de positivo na vida?

Por que nos impressionamos e ficamos tão obcecados com grandes feitos, quando na verdade são as coisas pequenininhas que, combinadas, tornam as grandes coisas possíveis?

Basicamente todas as nossas crenças são geradas através de um ou de todos os itens acima.

Perceba que a ação dos três itens é inconsciente (quando percebemos já estamos agindo de acordo com nossa crença), isto é, todo ato humano, em grupo ou solitário, pode gerar uma crença e esta pode ser fortalecedora ou limitante. O que define isso são as escolhas que fazemos.

Em outras palavras, não existem fatos bons ou ruins, apenas fatos, o que define se ele é bom ou ruim é a interpretação que damos ao mesmo.

Assim sendo, depende apenas da escolha **do que acreditar**, pois temos o direito, e acima de tudo o poder, de definir o que queremos manter como crença.

Se você identificar alguma crença limitante que o esteja acompanhando, tome uma decisão que só depende de você: substitua-a por uma fortalecedora contrária.

Método de substituição de crenças

1º. Identifique uma crença limitante (por exemplo: Não sei me expressar corretamente).

2º. Crie uma crença fortalecedora contrária (por ex: Eu tenho capacidade de aprender a me expressar corretamente).

3º. Repita-a mentalmente por 21 dias, se possível em voz alta, 10 vezes antes de dormir e mais 10 vezes ao acordar, visualizando em sua mente você se expressando como deseja, e;

4º. Observe o resultado.

Talvez o leitor pense que isto se parece com "simpatia" ou crendice, porém no livro "Liberte sua Personalidade" do Dr. Maxwell Maltz, percebemos que a psicocibernética é uma ciência que nos ensina a ensinar o cérebro.

Boa sorte!

A seguir explicaremos outro processo que auxilia na construção de crenças fortalecedoras, é conhecido como processo PCM.

"Somos o que fazemos, mas somos principalmente o que fazemos para mudar o que somos".

O Processo PCM

Como ter crenças fortalecedoras nunca é demais, vamos expor o "Processo PCM", que significa Possibilidade, Capacidade e Merecimento.

Este é um processo muito usado por pessoas que alcançaram suas realizações pessoais e profissionais.

Baseia-se na aquisição de crenças fortalecedoras sobre estes três itens.

Possibilidade

O objetivo de construir crenças nesse item é aumentar seu repertório de possibilidades. Não se precipite ao decidir o que é impossível!

"Isto está além do que posso fazer!"

"Não dá, é impossível" e "Não consigo fazer isso!"

Se você fala ou simplesmente pensa dessa forma está na hora de melhorar seu repertório de possibilidades!

Há uma frase de São Francisco de Assis que diz: "Primeiro faça o necessário, depois faça o possível, e de repente, você vai perceber que pode fazer o impossível"

O que São Francisco de Assis sabiamente procurou transmitir é que muitas possibilidades estão a nossa volta, e simplesmente por nossa própria decisão, as consideramos fora de nosso alcance. Só depois que alguém fez, percebemos que também éramos capazes de fazê-lo.

Crenças fortalecedoras de possibilidade:

- Eu posso fazer qualquer coisa, desde que eu queira;
- Eu consigo superar minhas inseguranças para falar em público;

- Eu consigo aperfeiçoar minha comunicação;
- Eu consigo transmitir mensagens claras, que não geram dúvidas.

Aqui estão só algumas crenças para exemplificar o conteúdo, o ideal é que você pense nas crenças que mais contribuirão com seu desenvolvimento, e liste-as, a partir daí use o método de substituição de crenças citado acima.

Capacidade

O objetivo de construir crenças nesse item é aumentar seu repertório de capacidades. Você ainda não atingiu o limite daquilo que é capaz!

Você pode mais, tem mais capacidade que isso!

Quantas vezes, quando algum desafio se apresenta, você se questiona:

"Será que sou capaz?". Nesse momento temos a sublime oportunidade reservada aos seres humanos: a de escolher aceitar o desafio ou recuar. Pense!

Se aceitar o desafio você poderá superá-lo e estará provando, principalmente a você mesmo, que é capaz. Contudo, você pode não conseguir superá-lo e com isso ganhar um grande aprendizado para o futuro. Moral: Nunca assuma desafios cujo risco é maior do que sua capacidade de arcar com as consequências.

Você pode também escolher recuar. Único comentário: Nada a analisar, nada a aprender, nada a comentar.

Crenças fortalecedoras de capacidade:
- Sou capaz de fazer o que me proponho;
- Sou capaz de melhorar meus comportamentos;

- Sou capaz de desenvolver habilidades de comunicação;
- Sou capaz de vencer meus medo e supera-los.

Aqui estão só algumas crenças para exemplificar o conteúdo, o ideal é que você pense nas crenças que mais contribuirão ao seu desenvolvimento, e liste-as, a partir daí use o método de substituição de crenças citado acima.

Merecimento

O objetivo de construir crenças nesse item é aumentar seu repertório de merecimento. Acredite: você sempre merece mais!!!

O merecimento está intimamente ligado à autoestima. Quem não sente amor por si próprio, não pode acreditar que merece algo.

Pergunte-se qual o presente que, sinceramente, você daria para uma pessoa que não ama e não respeita? Provavelmente nada significativo.

Quando não temos autoestima é exatamente desta forma que pensamos, "Eu não mereço", lembre-se que pensamos assim de forma consciente ou inconsciente. Agimos demonstrando nosso pouco valor.

Para desenvolver crenças fortalecedoras de merecimento inicie valorizando-se verdadeiramente e demonstrando constantemente o mais divino amor que sente por você!

Para as pessoas que custam a acreditar que são merecedoras, um conselho: Corresponda à confiança que Deus depositou em você quando lhe entregou as capacidades de que dispõe para que você as desenvolvesse e pusesse em prática. Se, "Ele" acreditou em você, por que duvidar que merece mais!

Crenças fortalecedoras de merecimento:
- Eu mereço os resultados que consigo;

- Eu mereço ser mais, ganhar mais, conquistar mais;
- Eu mereço alcançar meus objetivos;
- Eu mereço ser um bom orador e angariar aliados.

Aqui estão só algumas crenças para exemplificar o conteúdo, o ideal é que você pense nas crenças que mais contribuirão ao seu desenvolvimento, e liste-as, a partir daí use o método de substituição de crenças citado acima.

O Processo PCM é bastante utilizado para se criar crenças fortalecedoras, por incentivar suas possibilidades, capacidades e merecimentos.

Lembre-se de que tudo começa com o que acreditamos ser verdade!

O nascimento da excelência começa com a escolha das crenças certas para alcançar os nossos objetivos.

Crie suas crenças sobre estes três aspectos e espere os resultados.

Este processo é muito importante por uma razão específica, ele não nos permite colocar limites em nossa vida.

O Elefante Acorrentado

Você já observou elefante no circo? Durante o espetáculo, o enorme animal faz demonstrações de força descomunais. Mas, antes de entrar em cena, permanece preso, quieto, contido somente por uma corrente que aprisiona uma de suas patas a uma pequena estaca cravada no solo. A estaca é só um pequeno pedaço de madeira. E, ainda que a corrente fosse grossa, parece óbvio que ele, capaz de derrubar uma árvore com sua própria força, poderia, com facilidade, arrancá-la do solo e fugir.

Que mistério! Por que o elefante não foge?

Há alguns anos descobri que, por sorte minha, alguém havia sido bastante sábio para encontrar a resposta: o elefante do circo não escapa porque foi preso à estaca ainda muito pequeno. Fechei os olhos e imaginei o pequeno recém-nascido preso: naquele momento, o elefantinho puxou, forçou, tentando se soltar. E, apesar de todo o esforço, não pôde sair. A estaca era muito pesada para ele. E o elefantinho tentava, tentava e nada. Até que um dia, cansado, aceitou o seu destino: ficar amarrado na estaca, balançando o corpo de lá para cá, eternamente, esperando a hora de entrar no espetáculo.

Então, aquele elefante enorme não se solta porque acredita que não pode. Para que ele consiga quebrar os grilhões é necessário que ocorra algo fora do comum, como um incêndio por exemplo. O medo do fogo faria com que o elefante em desespero quebrasse a corrente e fugisse.

Autor desconhecido

Reforçando o aprendizado

- Liste as crenças fortalecedoras de possibilidade, capacidade e merecimento que pretende desenvolver;
- Utilize o método de substituição de crenças, descrito anteriormente, durante 21 dias e perceba os resultados.

Vença Seus Obstáculos

Certa lenda conta que estavam duas crianças patinando em cima de um lago congelado. Era uma tarde nublada e fria e as crianças brincavam sem preocupação.

De repente, o gelo se quebrou e uma das crianças caiu na água. A outra criança vendo que seu amiguinho se afogava debaixo do gelo, pegou uma pedra e começou a golpear com todas as suas forças, conseguindo quebrá-lo e salvar seu amigo.

Quando os bombeiros chegaram e viram o que havia acontecido, perguntaram ao menino: – Como você fez isso? É impossível que você tenha quebrado o gelo com essa pedra e suas mãos tão pequenas!

Nesse instante apareceu um ancião e disse: – Eu sei como ele conseguiu.

Todos perguntaram: – Como?

O ancião respondeu: – Não havia ninguém ao seu redor para lhe dizer que não poderia fazer!

"SE PODES IMAGINAR, PODES CONSEGUIR"

Albert Einstein

4

O VALOR DOS VALORES!

ASSEMBLEIA NA CARPINTARIA

Contam que na carpintaria houve uma vez uma estranha assembleia. Foi uma reunião das ferramentas para acertar suas diferenças.

O martelo exerceu a presidência, mas os participantes lhe notificaram que teria que renunciar. A causa? Fazia demasiado barulho e, além do mais, passava todo o tempo golpeando. O martelo aceitou sua culpa, mas pediu que também fosse expulso o parafuso, dizendo que ele dava muitas voltas para conseguir algo. Diante do ataque, o parafuso concordou, mas por sua vez, pediu a expulsão da lixa. Dizia que ela era muito áspera no tratamento com os demais. A lixa acatou, com a condição de que se expulsasse a trena, que sempre media os outros segundo a sua medida, como se fora a única perfeita.

Nesse momento entrou o carpinteiro, juntou o material e iniciou o seu trabalho. Utilizou o martelo, a lixa, a trena e o parafuso. Finalmente, a rústica madeira se converteu num fino móvel. Quando a carpintaria ficou novamente só, a assembleia reativou a discussão. Foi então que o serrote tomou a palavra e disse:

– Senhores, ficou demonstrado que temos defeitos, mas o carpinteiro trabalha com nossas qualidades, com nossos pontos valiosos. Assim, não pensemos em nossos pontos fracos, e concentremo-nos em nossos pontos fortes.

A assembleia entendeu que o martelo era forte, o parafuso unia e dava força, a lixa era especial para limar e afinar asperezas e a trena era precisa e exata. Sentiram-se então como uma equipe capaz de produzir móveis de qualidade. Sentiram alegria pela oportunidade de trabalhar juntos.

Ocorre o mesmo com os seres humanos. Quando uma pessoa busca defeitos em outra, a situação torna-se tensa e negativa. Ao contrário, quando se busca com sinceridade os pontos fortes dos outros, florescem as melhores conquistas humanas.

É fácil encontrar defeitos. Qualquer um pode fazê-lo. Mas encontrar qualidades e enxergar atributos, isto é para os sábios.

Autor desconhecido.

Nós seremos julgados e avaliados pelas pessoas em função do conjunto de nossos comportamentos, e estes são regidos pelos nossos valores, logo, somos, em parte, frutos de nossos valores. Os valores explicam "o porquê" de agirmos de determinada maneira e não de outra. Eles regem nossos comportamentos. São eles os responsáveis por decisões que tomamos regularmente como: trabalhar em determinado lugar e não em outro, escolher uma profissão e não outra, manter ou não um casamento, escolher onde queremos morar, qual carro queremos ter, onde passar nossas férias, manter aquela amizade ou não, enfim, baseados em nossos valores fazemos nossas escolhas. Cada valor tem uma importância diferente para cada um de nós, assim sendo, existe uma escala interna de valores que chamamos de hierarquia de valores. Cada um possui a sua hierarquia de valores, e essa é única, sendo importante só e somente só para a pessoa que a tem.

A hierarquia de valores de uma pessoa equivale à sua impressão digital interna, não há outra igual, ou seja, os mesmos valores na mesma ordem e com a mesma intensidade em que se encontram. Por isso devemos respeitar inteiramente cada um como é, pois a unicidade do ser é que faz com que o mundo se torne interessante, pois ao conhecermos uma nova pessoa estaremos conhecendo um novo mundo.

Alguns exemplos de valores: honestidade, reconhecimento, tranquilidade, segurança, independência, prazer, valorização, respeito, vitalidade, competência, aceitação, acolhimento, equilíbrio, satisfação, independência financeira, realização, competição, comprometimento, liberdade, desafio, criatividade, divertimento, união, praticidade, saudável, ecológico...

Note que os valores não são sentimentos. Eles são o que você busca ter em sua vida, o que você não abre mão.

Como já mencionamos todos temos uma forma de distribuir nossos valores em grau de importância, então, possuímos uma hierarquia de valores.

À frente, mencionaremos como formar a sua hierarquia para que conheça ou ateste seus valores. Você poderá ficar admirado com o que encontrará.

É importante saber que temos hierarquias diferentes para contextos diferentes, ou seja, profissionalmente temos uma disposição x de valores, já na vida familiar temos uma disposição y e na vida pessoal uma disposição z. Um valor que pode ser muito importante para seu trabalho e que você preza muito, pode não ter importância para sua vida familiar. Quando fizer sua hierarquia de valores, faça-a para os diversos contextos de sua vida.

Vamos agora supor que você tenha como valor de muita importância para o contexto familiar, a união, ou seja, você preza muito a união das pessoas, gosta de vê-las unidas no almoço de domingo, por exemplo. Já o seu marido tem como valor de muita importância, a liberdade, ele gosta de se sentir livre para fazer o que quiser, na hora que quiser. Na mesma situação do almoço em família, ele poderá muitas vezes não comparecer, por ter pensado em outra coisa para fazer. Vocês dois, neste contexto, tem valores que podem gerar atritos entre o casal. Nesta situação, se os dois tem consciência dos valores que possuem, podem chegar a uma solução que agrade ambos, podem negociar seus valores, de forma que ninguém se sinta prejudicado.

Quando conhecemos nossos valores e respeitamos os valores de outras pessoas muitas intrigas são substituídas por compreensão, gerando um clima de confiança e aceitabilidade mútua, quer em sua vida familiar, profissional ou pessoal. E o oposto pode gerar antipatia, desavença e falta de aceitação. Quantas discórdias poderiam ter sido evitadas, simplesmente pelo conhecimento dos valores embutidos nas situações? Quantas desilusões profissionais ou pessoais poderiam ter sido evitadas pelo mesmo motivo?

É do nosso conhecimento que quem semeia ventos, colhe tempestades, isto é, recolhemos do mundo aquilo que distribuímos. Se ficamos muito presos aos nossos próprios valores, nos colocamos refratários aos valores alheios, nos sentimos injustiçados e pouco reconhecidos, pois não conseguimos reconhecer o outro.

Quem é muito incisivo em suas próprias opiniões encontra poucos adeptos para concordar com ele.

Este é um assunto de suma importância para adquirirmos bons e verdadeiros relacionamentos, e todo o "resto" que almejamos, como aceitação, realização profissional, respeito, sucesso, valorização, reconhecimento... é a consequência natural de semear bons relacionamentos. Para isso precisamos ter em mente que nossos valores são tão importantes para nós mesmos, como os valores dos outros os são para ele. Sendo assim, nossos valores são tão importantes quanto os valores dos outros.

Antes de explicarmos como criar sua hierarquia de valores vale lembrar que devemos ter em mente a qual contexto nos vamos ater, se é ao profissional, se é ao pessoal ou se é ao contexto familiar.

CONHEÇA A SUA HIERARQUIA DE VALORES

1. Pense em três situações impactantes de sua vida, essas situações podem ser boas ou não, o importante é que elas tenham sido impactantes. Dentro do contexto que escolheu.

2. Anote numa folha todos os valores que estavam presentes ou ausentes nas situações, enumerando -os conforme você vai se lembrando dos valores.

   Obs.: Se houver alguma situação que não foi boa para você, pense nos valores ausentes. Se as situações foram boas, pense nos valores presentes.

3. Esta lista deve conter aproximadamente 20 valores.

4. Agora imagine que vai "perder" os valores. Dentre todos da lista, qual você escolhe perder primeiro?

5. Coloque este 1º valor ao lado do último da sua lista. Após, coloque o 2º valor que escolher perder ao lado do

penúltimo valor de sua lista, e assim por diante até chegar ao 20º valor que você escolheu perder, ou seja, o último valor que você abriu mão de ter. Este é o seu valor de maior importância.

6. Agora você já tem ciência de como está sua hierarquia de valores, ou seja, de como estão distribuídos seus valores por ordem de importância.

Pare um pouco para pensar e analise se os problemas interpessoais que já enfrentou, neste mesmo contexto, estão ligados a transgressão dos valores que encabeçam esta sua hierarquia!

Comentamos como é importante respeitarmos os valores de outras pessoas, da mesma forma com que respeitamos os nossos, sendo assim, você pode estar se perguntando como descobrir os valores de outras pessoas, já que não dá para pedir que elas façam sua hierarquia e nos mostre, não é?

Se prestarmos atenção no que as pessoas nos falam, como se vestem, seus hábitos, seus hobbies, onde moram... poderemos ter uma "ideia" de seus valores, mas lembre-se, uma ideia não corresponde à verdade absoluta. Se quem você está analisando é uma pessoa próxima ficará mais fácil descobrir seus valores importantes, mas se é uma pessoa que acabou de conhecer você precisará de tempo para pesquisar.

Há algumas perguntas que ajudam a identificar valores seus ou dos outros, por exemplo: O que me faria continuar neste emprego? O que me faria pedir demissão? Mesmo acontecendo isso, o que me faria ficar / ou sair?

Sabe aquela viagem que fez? O que te agradou naquele lugar?

O que te fez comprar este sapato e não àquele? Esta camisa e não àquela? Este carro e não àquele? Esta casa e não àquela?

Estas são algumas perguntas que naturalmente eliciam os valores importantes das pessoas. Elas os utilizam para tomar suas decisões.

NA CORTE

Certo dia, Nasrudin compareceu à Corte ostentando um magnífico turbante. Sabia que o rei ia admirá-lo e que, portanto, poderia vender-lhe o tal turbante.

– Nasrudin, quanto você pagou por esta maravilha? – perguntou o rei.

– Mil moedas de ouro, Majestade.

Percebendo a tramoia, o vizir cochichou ao rei: – Só um idiota pagaria tanto por um turbante.

Disse o rei: – Afinal, por que pagou essa fortuna? Nunca ouvi falar de um turbante que custasse mil moedas de ouro.

– Ah, majestade, paguei esta fortuna, porque sabia que, em todo o mundo, só um único rei compraria esse tipo de coisa.

Encantado com o elogio, o rei ordenou que dessem a Nasrudin duas mil moedas de ouro e ficou com o turbante.

Mais tarde, Nasrudin disse ao vizir: – Você pode muito bem conhecer o valor de um turbante, mas sou eu quem conhece as fraquezas dos reis.

Histórias de Nasrudin – tradução de Henrique Cukierman e Monica Udler Cromberg

Conclusão

Devemos considerar que as pessoas nunca têm por objetivo fazer o mal para alguém, mas sim fazer o bem para si próprias.

Entendendo essa máxima e sabendo que todos nós temos nossa própria e única Hierarquia de Valores fica mais fácil aceitarmos que quando uma pessoa me prejudica, na verdade, ela só estava fazendo o bem para si mesma, pois, de acordo com seus valores, o meu prejuízo não era algo relevante, em outras palavras, eu não era o alvo, mas o alvo era somente ela se dar bem.

O fato de eu fazer escolhas diferentes dos outros não me torna nem melhor nem pior, apenas os meus resultados podem ser melhores ou piores.

Quando conhecemos e respeitamos os valores mais importantes de outra pessoa cria-se um ambiente de maior entendimento que facilita o relacionamento e também nos capacita na defesa contra as escolhas da mesma.

5

DECIFRANDO PESSOAS

Por que você quer ser um comunicador hábil? Provavelmente para ser bem interpretado, ou angariar aliados, ou fazer amizades, ou conseguir promoções, ou ser um negociador de conflitos, ou ser querido, ou ser um palestrante... não importa o que seja, pois, no final, uma boa comunicação nos leva a *conseguir algo de alguém*, que pode ser compreensão, reconhecimento, status, carinho, admiração... e isso é mais do que suficiente para você descobrir como conseguir.

Até agora focamos nossa atenção em atributos que devemos desenvolver em nosso interior para uma comunicação eficiente. Veremos a seguir como investigar de forma profunda, a pessoa com quem nos comunicamos.

Como somos aproximadamente sete bilhões de pessoas que habitam o planeta Terra, e não há duas pessoas iguais, logo, não podemos agir da mesma forma com todas. Precisamos respeitar a forma única de ser de cada uma delas. Para isso precisamos conhecê-las melhor.

Temos um estranho hábito de achar que conhecemos as pessoas, ou por conviver com elas, ou por a conhecermos de longa data. Se isto fosse verdade, numa família, por exemplo, não haveria atritos ou discussões, pois se conhecemos realmente nossos familiares já teríamos uma forma de evitar tais problemas.

Se isso acontece numa família o que dirá então nos relacionamentos profissionais?

É impressionante o que se perde, no mundo, a cada dia, com os erros de comunicação oriundos de falta de habilidade para tratar cada pessoa como ela é, e não como achamos que é. Alguns exemplos disso são: explicações mal formuladas, recados mal transmitidos, solicitações mal entendidas, divórcios etc.... Tudo isso, provocando prejuízos de diversas dimensões como: trabalhos recusados, esforços desperdiçados, conflitos profissionais e pessoais, processos judiciais, reconciliações frustradas, até guerras entre nações.

Quando falamos para um grupo de pessoas podemos notar a espantosa diversidade das reações humanas. Notamos como as pessoas reagem de forma diferente perante a mesma coisa.

Você conta uma piada, alguns gargalham e outros não movem um músculo sequer. Você conta uma história trágica, alguns choram e outros dão até risadas. Você conta uma história estimulante, alguns ficam motivados e outros se mostram tediosos.

A pergunta é: por que as pessoas reagem de forma tão diversa ante a mesma coisa? George Bernard Shaw, escritor irlandês, vencedor do prêmio Nobel de literatura em 1925 fez uma citação que é precisamente correta "Na chave certa, alguém pode dizer qualquer coisa. Na chave errada, nada: a única parte delicada é a escolha da chave".

Podemos notar que o argumento mais profundo, o pensamento mais sublime ou a crítica mais inteligente são absolutamente ineficazes, a menos que sejam entendidos tanto intelectual como emocionalmente pela pessoa a quem foi enviada.

São dessas "chaves certas" que falaremos a seguir.

Lembre-se, na chave certa tudo é possível!

Abordaremos agora o Metaprograma de Linguagem, este método proporciona o entendimento dessas diferenças de cada pessoa, são as chaves que você precisa encontrar.

METAPROGRAMA DE LINGUAGEM

O Metaprograma de Linguagem é composto por poderosos padrões que ajudam a determinar como uma pessoa forma suas representações interiores e dirige seu comportamento.

Para se comunicar com um computador você precisa compreender seu software. Para se comunicar com uma pessoa você deve compreender seu Metaprograma de Linguagem.

Abordaremos 10 padrões desse método e conhecendo esses padrões você conseguirá analisar uma pessoa além de suas palavras, entenderá como cada um funciona internamente e desenvolverá suas capacidades analíticas mais apuradas.

1º padrão – Programa de Motivação

Esse padrão visa a decifrar como uma pessoa se motiva a algo.

Aproximando-se do que quer ou Afastando-se do que não quer

O comportamento humano gira em torno da ânsia de obter prazer ou evitar a dor.

Nossa motivação pode estar na busca: da aproximação do que queremos, ou do afastamento do que não queremos.

Você se afasta de uma agulha a fim de evitar a dor da espetada.

Você senta na praia para assistir um lindo pôr-do-sol porque sente prazer no glorioso show celestial do dia transformar-se em noite.

O mesmo é verdadeiro para as mais diversas ações. Uma pessoa pode resolver fazer compras num supermercado porque sua despensa está vazia, logo, não terá o que comer (agindo para afastar-se do problema), ou porque vai receber visitas em casa e quer se certificar que terá mantimentos suficientes (despensa cheia, aproximando-se do objetivo). Uma pessoa pode resolver poupar dinheiro porque sabe que já passou necessidades e não quer que isso se repita (afastando-se do problema) ou pode poupar dinheiro porque quer trocar de carro (aproximando-se do objetivo). Há também os que fazem exercícios físicos porque tiveram problemas de saúde (afastando-se do problema) e os que fazem porque almejam um corpo atlético e boa saúde (aproximando-se do objetivo).

Todos nós podemos apresentar as duas formas de direção de motivação mas uma costuma ser predominante.

Podemos agir em casa, aproximando-se do que queremos, e no trabalho, afastando-se do que não queremos, ou do que tememos que aconteça. Ou vice-versa.

Observando as vantagens de ambas as direções de motivação, constatamos que a por aproximação é mais direcionada para a busca de metas, e a por afastamento volta-se mais para a identificação e solução de problemas.

Para uma empresa seria aconselhável ter pessoas motivadas por aproximação para estabelecer as metas de vendas, mas também ter pessoas motivadas por afastamento para prever possíveis problemas e ajudar a encontrar as soluções para o alcance dessas metas. Numa família, por exemplo, seria ideal haver pessoas que se aproximam do que querem e outras que evitam o que não querem.

Por que, afinal, é importante saber isso? Se você pretende que as pessoas se motivem a fazer o que você deseja, ou que elas dêem atenção ao que você fala, ou que elas saibam que você as compreende, esse conhecimento é essencial.

Para descobrir de que modo as pessoas se movem, pergunte-lhes o que querem de sua carreira, ou de um relacionamento, ou de uma amizade, ou de alguma outra coisa. Elas lhe dizem o que querem ou o que não querem?

Se você é um comerciante pode tentar vender um carro enfatizando que é rápido, macio, confortável, espaçoso, ou pode salientar que ele é econômico, é de manutenção barata e é particularmente seguro em caso de acidente.

A estratégia que você usará deve depender, somente, do metaprograma de linguagem da pessoa com quem está negociando.

Se estiver falando na chave errada é melhor fazer outra coisa mais produtiva, pois motivá-lo a comprar o carro será difícil.

Se você estiver vendendo seu apartamento e usar como argumento: morar aqui é muito mais seguro que numa casa, e isto não estiver dando resultado, pode mudar seu argumento e frisar que no apartamento o bem-estar e a comodidade são atrativos. Quem sabe o comprador não pensa com mais carinho na hipótese? Tudo vai depender de como ele se motiva, se é o padrão de aproximação ou o de afastamento.

Em seu trabalho, com seus amigos ou com sua família, procure ficar atento e perceba se as pessoas se motivam por aproximação ou por afastamento, fale com elas na chave certa e note se esse conhecimento fará diferença.

Digamos que você queira que seu filho passe mais tempo fazendo o trabalho da escola. Você pode dizer-lhe: "É melhor você estudar ou não entrará numa boa faculdade", ou: "Olhe o João, não estudou e foi reprovado na escola; vai passar o resto da vida lavando carros, é isso o que quer para você?". Como funcionará essa estratégia? Depende de seu filho. Se ele for primariamente motivado pelo afastamento, então poderá funcionar bem. Mas e se ele se move em direção às coisas? e se ele for motivado por coisas que acha atraentes? Você não conseguirá motiva-lo a mudar seu comportamento oferecendo-lhe o exemplo de alguma coisa da qual deva se afastar.

Você pode insistir até cansar, mas estará falando na chave errada.

Está falando em latim, e o garoto entende grego. Está gastando o seu tempo e o dele.

De fato, pessoas que vão ao encontro das coisas muitas vezes ficam zangadas ou ressentidas com as que apresentam coisas de que devam se afastar.

Você motivaria melhor seu filho se dissesse: "Se você fizer isso, pode escolher qualquer faculdade que queira , terá liberdade de escolha".

2º Padrão – Programa de Atenção

Esse padrão relata onde está a atenção da pessoa, internamente ou externamente. Ela se convence por si própria ou precisa da aprovação dos outros?

Dentro ou Fora de si mesmo

Pergunte a qualquer pessoa como ela sabe que fez algo bem feito. Para algumas, a prova vem de fora, como alguém lhe elogiou, foi aplaudida, recebeu aumento, ganhou tapinhas nas costas. Quando consegue essa espécie de aprovação exterior, ela sabe que fez algo bem feito. Isso quer dizer que sua atenção está fora de si mesma.

Para outros, a prova vem do interior. Eles simplesmente "sabem dentro de si" que fizeram algo bem feito, eles sentem isso. Se você tem sua atenção voltada para dentro de si e projetou uma casa que ganhou vários prêmios de arquitetura, ou fez uma palestra que as pessoas falaram muito bem, ou dirigiu uma reunião onde os envolvidos elogiaram, mas ele não sente por dentro que o que fez foi especial, nada o convencerá. Reciprocamente, se fez um serviço que tenha uma recepção indiferente por parte de outras pessoas, mas, ele sente que fez algo bem feito, confiará mais em seus próprios instintos do que nos deles. Isso quer dizer que tem sua atenção voltada para dentro de si, a sua opinião vale mais que as dos outros.

Digamos que você esteja convencendo alguém a viajar para Campos do Jordão, nas férias, e fala: "Eu estive lá e achei o máximo, não só eu, mas também vários amigos gostaram muito. Já programamos de voltar assim que possível e não deixaremos de visitar o Pico do Itapeva. Pode perguntar para qualquer um sobre esta viagem!", se ele tiver sua atenção voltada para fora, provavelmente se interessará. Mas se estiver sua atenção voltada para dentro, pouco importa para ele se outros gostaram da viagem ou não, isso não tem importância e não despertará sua vontade de ir. Você só pode convencê-lo apelando para coisas que ele já saiba, como: "Lembra-se da última viagem que fizemos, como você gostou do clima ameno, das paisagens repousantes, da constante atividade durante o dia, Campos do Jordão pode também lhe proporcionar esse bem-estar, acho que vai gostar". Desta forma você estará falando na linguagem dele, e provavelmente ele se convencerá que a idéia é boa mesmo. Estará falando na chave certa!

Se você exerce a mesma atividade profissional durante um longo tempo, sabe o que é certo ou errado neste contexto, sendo assim, desenvolve sua atenção para dentro, pois tem segurança suficiente no que faz, não dependendo tanto da opinião de fora.

Se você for novato, ainda tem pouca experiência para distinguir o que é melhor, sendo assim, pode estar com sua atenção voltada para fora, mas com o tempo também pode desenvolver sua atenção para dentro, e não depender tanto de opiniões externas para mensurar seus resultados. Portanto, com o tempo, você pode alterar seu foco de atenção. Como mencionamos anteriormente, você não é só de um jeito, pode ser destro e mesmo assim usará sua mão esquerda quando necessário.

Você acredita que a maioria dos líderes tem sua atenção voltada para dentro ou para fora deles? Um líder verdadeiramente efetivo tem a tendência a dar mais atenção ao seu interior, mas também preza e aceita opiniões externas. Não seria um líder se passasse a maior parte de seu tempo checando com as outras pessoas o que acharam de seu desempenho, para só depois tomar outras decisões. Poucas pessoas operam exclusivamente num extremo. Um líder que seja eficaz deve ser capaz de aceitar informações externas e internas. Quando não o faz, a liderança torna-se onipotência.

Não se esqueça – para conseguir algo de alguém, fale na chave dele.

3º Padrão – Programa de Interesse

Esse padrão diz respeito ao interesse da pessoa quanto a se importar mais com o todo ou com os detalhes.

Generalizado ou Detalhado

Há pessoas que prestam mais atenção no todo, não nos detalhes. São pessoas que quando se fala na pretensa construção de uma casa, já veem a casa pronta, do jeito que ficará no final da construção. Quando se fala da necessidade de um projeto para uma indústria, já veem o projeto sendo executado. Essas são pessoas generalizadas. Referentes aos mesmos assuntos, uma pessoa detalhada pensará nos cômodos, um por um, em sua melhor distribuição, ou seja, em todos os detalhes. Essa mesma pessoa pensará, primeiramente, em todos os passos necessários para colocar àquele projeto da indústria em funcionamento.

Percebemos essas diferenças numa conversa quando uma pessoa detalhada tenta explicar para outra generalizada qual o melhor caminho para se chegar a algum lugar. A generalizada provavelmente vai se irritar com a explicação da detalhada. E, se fosse a generalizada explicando, a detalhada teria várias perguntas a fazer a fim de entender o caminho, pois para ela, a explicação estaria vaga demais.

Para averiguar qual a preferência do outro, faça perguntas como:

- O que você fez neste final de semana?
- Como foi seu último Natal?
- Para onde foi em suas férias?

E avalie as respostas, tem vários detalhes e explicações ou foi mais generalizada?

Saber se a pessoa com quem conversamos é detalhada ou generalizada pode evitar atritos desnecessários e conseguir um diálogo mais proveitoso.

Lembre-se, fale na chave que ele utiliza!

4º Padrão – Programa de Tempo

Esse padrão esclarece como uma pessoa processa o tempo internamente.

Futuro, Passado ou Presente

Há pessoas que têm seu foco de atenção no futuro. São aquelas que sabem exatamente como será sua velhice, onde estará morando e o que estará fazendo. Falam de suas metas de vida em longo prazo e como agirão para conquistá-las. Têm previsões sobre como o mundo estará a 20/30/40 anos.

Pessoas com atenção no passado adoram contar como foi sua infância, como o mundo era naquela época, o que fazia e como a vida era mais fácil naquele tempo. Gostam de contar o que realizaram no passado. São ótimos contadores de histórias, são os avós que os netos adoram ter.

Pessoas com foco no presente visam ao que estão fazendo aqui e agora, como está o mundo atual, quais problemas são mais ou menos prejudiciais à humanidade. Quando falam de seus objetivos de vida, geralmente são metas de curto-prazo.

Para os três tipos, ao começar um diálogo, fale "no tempo" que ele prefere, só assim conseguirá conquistar o seu interesse.

Nós nos expressamos em três tempos, mas um tempo em especial é o que dou maior ênfase, é nisso que você deve se ater ao observar a outra pessoa.

5º Padrão – Programa de Ação

Esse padrão evidencia a preferência de atuação, se age ou reage aos fatos da vida.

Pró-ativo ou Reativo

O pró-ativo é aquele que age, faz acontecer. Tem a iniciativa a flor da pele e não consegue ficar parado quando há coisas para realizar ou concluir. Geralmente fica pouco no mundo das ideias e logo quer partir para a ação, não é tão bom com planejamentos, pois isso requer um estado de "meditação" que não combina com o jeito de ser do pró-ativo. Como é movido pela ação e não gosta de pensar muito antes de agir, pode cometer erros, mas mesmo para solucioná-los encontra energia e disposição.

Para interagir com um pró-ativo dê ênfase em "como" fazer as coisas, lembre-se que ele é motivado pelas ações e os procedimentos para realizar algo, evite ficar divagando sobre ideias ou pensamentos, pois isso o cansará e seu interesse pela conversa provavelmente vai diminuir.

O reativo é aquele que prefere o mundo das ideias e pensamentos em detrimento das ações. Pensa em todos os detalhes antes de se decidir por algo, é analítico. Também consegue prever erros antes mesmo de alguém notar ou acontecer. Costuma ser ótimo planejador, mas também é mais crítico, pela sua capacidade de análise antecipada. São pessoas que reagem aos fatos da vida e evitam ser os agentes dos acontecimentos. Eles são conduzidos pelos fatos da vida, não os conduz.

Numa interação com um reativo conduza a conversa enfatizando assuntos que requeiram capacidade de análise e pensamentos elaborados, ele é motivado a pensar e não a agir. Ele se interessa por ideias inovadoras.

Para identificar um pró-ativo ou reativo pergunte se ele é de avaliar com cautela uma situação antes de agir, ou se não dá tanta importância à avaliação e prefere agir para logo ver os resultados.

6º Padrão – Programa de Compreensão

Esse padrão decifra os processos internos que a pessoa utiliza para compreender alguma coisa e também para decidir.

Semelhanças ou Diferenças

Quem se utiliza da compreensão por semelhanças busca na informação que lhe chega algo que já conhecem. Quando acontece algo de novo em sua vida ele logo procurará fatos passados semelhantes para se orientar em como proceder. Ele gosta das coisas como estão, não vê motivos para mudanças, se algo está dando certo que continue assim. Têm tendência a permanecer num emprego por muitos anos e não gosta quando suas coisas são tiradas do lugar, gosta das coisas como estão e pronto. Geralmente é rotulado de conservador e inflexível. Nega informações que ameacem mudar seu mundo. Para tomar uma decisão ele provavelmente recorrerá a alguma situação semelhante do passado e fará a mesma coisa que já fez.

Para interagir com alguém que compreende os fatos ou toma decisões por semelhanças fique atento a sua dificuldade de aceitar mudanças.

Quem compreende os fatos da vida por diferenças é fortemente motivado a discordar e logo percebe o que está errado, em desacordo, faltando ou fora do lugar, como um quadro que não está alinhado, uma mesa que está desorganizada, uma caneta que está fora do lugar. Ele busca fazer coisas diferentes e tem dificuldades com rotinas que exigem comportamentos iguais, logo pergunta se não há outra forma de fazer aquilo.

Gosta de mudar pelo prazer de mudar. Numa tomada de decisão ele provavelmente buscará fazer algo que ninguém fez, algo diferente do habitual.

Geralmente não permanece muito tempo num emprego, pois a variedade é o que lhe atrai.

Para interagir com ele é recomendado que você dispusesse de uma variedade de assuntos e fale sobre mudanças ou formas novas de agir e pensar.

Para descobrir qual seu estilo pergunte "qual a relação entre seu emprego atual e o anterior?" ou "qual a relação entre sua casa atual e a anterior?", verifique se ele dá ênfase às semelhanças ou às diferenças.

7º Padrão – Programa de Tensão Emocional

Esse padrão diz respeito a como a pessoa reage às situações de tensão emocional, sejam elas no âmbito profissional, familiar ou social. E se, numa comunicação devemos ser mais racionais, emocionais ou a combinação de ambos.

Dissociado, Associado ou Seletivo

O dissociado é aquele que vê a vida passar com um filme a sua frente, não faz parte do filme, assiste. Não "entra" nas emoções dos acontecimentos ou das pessoas, mas assiste a isso sem envolvimento emocional. É eficiente em situações de alto grau de tensão, pois não se envolve e consegue com isso pensar com maior clareza. Pode ser visto como frio ou desprovido de sentimentos. Não expressa seus sentimentos ou emoções mesmo quando a situação permite. Prefere tomar decisões baseado na razão.

Para interagir sugerimos que deixe de lado fatores emocionais ou sentimentais e fale de forma racional e objetiva.

O associado vê o mundo de forma emocional, ele participa do filme da vida de corpo e alma. Tem facilidade com sensações, emoções e sentimentos. Ele realmente "entra" nas emoções dos acontecimentos ou das pessoas, com isso consegue criar uma empatia maior que os dissociados. As pessoas gostam de compartilhar com ele suas questões emocionais e esperam de antemão ser compreendidas, e realmente são. Ele sente qualquer tipo de sentimento, seja positivo ou negativo, com maior intensidade que os dissociados. Essa pessoa reage bem às situações de baixa tensão emocional, pois se deixa envolver emocionalmente com muita facilidade, se torna frágil quando a tensão aumenta. Numa interação aconselhamos que fale mais com o coração (emoção), evite utilizar seu lado racional (razão) de forma exagerada.

Há também aqueles que possuem tanto características dos dissociados como dos associados. E podem com isso, ser seletivos – escolhem entre agir de forma mais racional ou emocional, de acordo com o contexto. Em situações de tensão emocional alta ou baixa, se saem bem, pois possuem recursos para isso. Para interagir aconselhamos utilizar tanto seu lado racional como o emocional.

Para identificar seu estilo pergunte sobre seu último relacionamento problemático. Com sua narrativa perceberá sua preferência.

8º Padrão – Programa de Convencimento

Visual, Auditivo, Sinestésico ou Digital

Esse padrão relata a forma como alguém processa as informações internamente para se convencer de algo.

Pergunta – Como você sabe que aquele carro vai atender as suas necessidades?

Os que se convencem de forma visual precisam ver o carro e seus detalhes interiores e exteriores.

Os que se convencem de forma auditiva precisam já ter ouvido falar sobre o carro em questão.

Os que se convencem de forma sinestésica precisam "sentir" o carro, entrar nele, tocar o estofamento, sentir sua arrancada, sua força e sua estabilidade.

Os que se convencem de forma digital precisam já ter lido a respeito do carro em jornais ou revistas especializadas.

9º Padrão – Programa de Informação

Esse padrão decifra o que causa maior interesse na pessoa quando ela recebe uma informação. O que é mais importante para ela? Que tipo de informação ela busca **primeiramente?**

Pergunta – Você gostaria de fazer uma viagem que contribuirá para seu autoconhecimento?

Pessoa – quem estará nessa viagem?

Uma pessoa mais focada em outras pessoas prefere saber quem participará dessa viagem.

Informação – o que vou aprender?

Uma pessoa mais focada na informação prefere saber o que irá aprender.

Lugar – onde será essa viagem?

Uma pessoa mais focada no lugar prefere saber onde acontecerá a viagem.

Tempo – quando iremos?

Uma pessoa mais focada no tempo prefere saber quando acontecerá a viagem, qual o tempo de duração da viagem.

Atividade – como essa viagem pode contribuir com meu autoconhecimento?

Uma pessoa mais focada na atividade prefere saber como acontecerá o autoconhecimento, de que forma, quais ações serão necessárias.

Entendendo o que, primeiramente, causa maior interesse na pessoa fica mais fácil desenvolver o assunto focando nas informações certas.

10º Padrão – Programa de Objetivo

Esse padrão decifra até onde a pessoa está disposta a ir para alcançar suas metas.

Perfeccionista ou Satisfeito

O perfeccionista quando tem uma meta em sua mente procura fazer as coisas de forma detalhada e bem feita, como "bem feita" entende-se perfeitamente. Ele tem dificuldade para lidar com erros e se cobra muito. Para ele "o bom" não é suficiente. Esforça-se em todas as etapas até a conquista da meta, pois busca a perfeição até nos detalhes. Como a perfeição não existe seu caminho pode se tornar desgastante. Tende a ficar insatisfeito com seus resultados, pois sempre precisa melhorar alguma coisa, nunca está bom o suficiente. Ele só para quando seu objetivo foi alcançado como o esperado por ele.

O satisfeito se contenta com "o bom", não tem expectativas de perfeição. Eles fazem o melhor possível com os recursos que tem. Se faltar algum recurso que melhoraria seu desempenho ele justifica que não pode fazer mais nada, pois não tem acesso a ele, e fica em paz com isso. Ele chega até o ponto que para ele está bom e depois para. Ele se satisfaz com seus resultados e não é crítico como o perfeccionista.

O caminho para alcançar seus objetivos geralmente é mais curto que o do perfeccionista e com menos desgaste nas etapas.

Vamos supor que alguém tenha como objetivo construir uma casa. O primeiro passo é fazer a planta da casa e ele procura um arquiteto. O arquiteto faz uma colocação do tipo "conte-me algum objetivo que já teve e alcançou, e como fez para alcançá-lo". De acordo com a narração o arquiteto identifica se ele é um perfeccionista ou um satisfeito. Se for um perfeccionista o arquiteto já deve se prevenir quanto à demora na finalização do projeto e fazer uma entrevista detalhada no início para evitar refazer o projeto várias e várias vezes. Se for um satisfeito saberá que o projeto provavelmente ficará pronto num período menor, se ele conseguir atender às necessidades do cliente.

A SÁBIA FILOSOFIA DO ORIENTE

Numa conversação usamos argumentos e mais argumentos a fim de conseguir o que queremos, e a outra parte faz o mesmo. Isso parece mais uma luta de boxe verbal, argumentos indo e argumentos voltando.

Modelos mais eficientes e inteligentes são as artes marciais do Oriente, como o Aikidô e o Tai Chi. Essas artes marciais não se utilizam da força, mas redirecionam a força que chega para uma nova direção. Os orientais já conhecem a inutilidade da ação força X força e dos despropósitos dessas ações.

Lembre-se que não há essa coisa que chamamos de "resistência da outra pessoa", o que há são comunicadores inflexíveis, que ainda estão no tempo do "tudo ou nada", "eu estou certo e ele errado, e pronto", "se estou certo brigo até a morte".

"A pessoa que é muito insistente em seus próprios pontos de vista encontra poucos para concordar com ela."

Lao – Tseu, Tao Te-King

NENHUMA MAESTRIA CAI DO CÉU

Certo mágico estava apresentando sua arte ao sultão e já tinha conquistado o entusiasmo da assistência. O próprio sultão estava profundamente admirado e exclamou: – Deus meu, acudi-me! Que milagre, que espanto!

Mas seu vizir fê-lo parar para pensar ao dizer: – Vossa Alteza, nenhuma maestria cai do céu. A arte do mágico é resultado de seu esforço e sua prática.

O sultão franziu a testa. O comentário do vizir tinha estragado o prazer que estava sentindo ao contemplar os atos do mágico. – Ó, homem ingrato! Como podes pretender que tal habilidade seja fruto da prática? Pelo contrário, como eu afirmei, ou tens talento, ou não tens. Então olhou para o vizir com desprezo e gritou: – Tu não tens nenhum talento mesmo. Fora daqui! Para o calabouço! Lá poderás ponderar minhas palavras. E, para que não te sintas solitário, para que tenhas uma companhia da tua laia, compartilharás a cela com um bezerro.

Desde o primeiro dia de aprisionamento, o vizir começou a seguinte prática: carregar nos braços o bezerro e subir a longa escada do calabouço. Os meses passaram. O bezerro tornou-se um avantajado novilho e, com a prática diária, a força do vizir cresceu também grandemente.

Um dia, o sultão recordou do prisioneiro na masmorra. Mandou que o trouxessem a ele. Quando deitou os olhos sobre o vizir foi dominado pelo espanto. – Deus meu, acudi-me! Que milagre, que espanto!

O vizir carregando o novilho nos braços esticados, respondeu com as mesmas palavras que da outra vez: – Vossa Alteza, nenhuma maestria cai do céu. Em vossa misericórdia, concedeste-me esse animal. Minha força é resultado de meu esforço e minha prática.

Os padrões do Metaprograma de Linguagem devem ser praticados para que consiga efetivamente analisar uma pessoa, além de suas palavras, e com isso desenvolverá suas capacidades analíticas mais apuradas.

A maestria só é alcançada com a prática!

6

DECIFRANDO MENSAGENS

Nós temos um hábito que talvez não seja produtivo para nossa comunicação. Quando nos falam algo, já pensamos, sem mesmo a pessoa terminar sua frase, que já sabemos do que se trata. Será verdade?

O PERIGO DOS PRESSUPOSTOS

Abriu a porta e viu o amigo que há tanto não via. Estranhou que ele viesse acompanhado por um cão. Cão forte, saltitante e com um ar agressivo. Abriu a porta e cumprimentou o amigo, efusivamente.

– Quanto tempo!

– Quanto Tempo – ecoou o outro.

O cão aproveitou a saudação e entrou casa adentro, logo um barulho na cozinha demonstrava que ele tinha virado qualquer coisa. O dono da casa encompridou as orelhas. O amigo visitante, porém nada.

– A última vez que nos vimos foi em...

| 95 |

O cão passou pela sala, entrou no quarto e novo barulho, desta vez de coisa quebrada. Houve um sorriso amarelo do dono da casa, mas perfeita indiferença do visitante.

– Quem morreu foi o... você se lembra dele?

O cão saltou sobre um móvel, derrubou um abajur, logo trepou as patas sujas no sofá e deixou a marca digital e indelével de seu crime. Os dois amigos, tensos, agora fingiram não perceber.

Por fim, o visitante se despediu e já ia saindo quando o dono da casa perguntou:

– Não vai levar seu cão?

– Cão? Ah, cão! Oh, agora estou entendendo. Não é meu não. Quando eu entrei ele entrou comigo tão naturalmente que pensei que fosse seu.

Muitas vezes, enquanto a pessoa está falando algo, estamos pensando em nossa resposta, não prestando atenção no que está sendo dito e nem na pessoa, pois pressupomos que já sabemos do que se trata. Este comportamento se repete com mais facilidade se estamos com pressa ou sem paciência. Então, por esses motivos, perdem-se informações valiosas que não se recuperam mais, a não ser que se chame a pessoa novamente e faça-lhe perguntas.

"Não existem perguntas tolas, só tolos é que não fazem perguntas".

A prática de fazer perguntas para esclarecer algo é equivocadamente vista como falta de inteligência, falta de perspicácia, ou algo do gênero.

Fazer perguntas que geram respostas claras e objetivas a fim de contribuir para o entendimento de duas pessoas é uma arte, pois evita uma interpretação que não condiz com a realidade e faz com que a pessoa perceba sua atenção, que você dá importância ao que ela tem para lhe falar.

O processo para se obter respostas esclarecedoras e ao mesmo tempo entender a interpretação que as pessoas dão às suas palavras chama-se Metamodelo de Linguagem. O Metamodelo de Linguagem é uma técnica da Programação Neurolinguística.

O Metamodelo de Linguagem é um conjunto de perguntas que visa a esclarecer a comunicação, evitando um entendimento parcial ou nulo, e até mesmo os "achismos".

METAMODELO DE LINGUAGEM

Nossa comunicação é o resultado de como interpretamos o mundo ao nosso redor, e fazemos isso através de três padrões:

Omissão = quando omitimos parte da mensagem.

Generalização = quando generalizamos a mensagem.

Distorção = quando distorcemos a mensagem.

O Metamodelo de Linguagem visa a desfazer esses padrões para que a comunicação seja entendida de acordo com a representação interna da pessoa, e não de acordo com nossos valores, crenças e "achismos".

É importante para uma comunicação saudável que não coloquemos nossa própria lente de visão nas outras pessoas, cada pessoa é única e possui formas de enxergar únicas, por isso essa técnica é tão recomendada, pois ensina a fazer perguntas para se obter respostas que correspondam à realidade da pessoa. Abordaremos a seguir sete formas de como uma mensagem pode chegar aos nossos ouvidos quando se omite, generaliza ou se distorce informações.

Utilizando o Metamodelo de Linguagem

1. Falta de Índice Referencial

Quando omitimos na mensagem parte da informação como pessoas, lugares ou coisas.

Perguntas que ajudam a completar o que está faltando na mensagem

Quê?

MENSAGEM – As pessoas são egoístas.

PERGUNTA – Que pessoas são egoístas?

O quê?

MENSAGEM – Isto é complicado de fazer.

PERGUNTA – O que especificamente é complicado?

Em relação a quê?

MENSAGEM – Eu estou desmotivada hoje.

PERGUNTA – Está desmotiva em relação a que?

Comparado a quê?

MENSAGEM – Essa é uma boa notícia.

PERGUNTA – Comparada a que?

Quem?

MENSAGEM – Eles me criticaram.

PERGUNTA – Quem te criticou?

Qual?

MENSAGEM – A forma que ela fala me deixa nervosa.

PERGUNTA – Qual a forma que ela fala que te deixa nervosa?

O objetivo dessas perguntas é especificar pessoas, lugares ou coisas para que a mensagem se torne clara.

2. Verbos Inespecíficos

Quando omitimos a ação ou o enredo numa mensagem.

Como?

MENSAGEM – Ele me insultou.

PERGUNTA – Como especificamente ele te insultou?

De que maneira?

MENSAGEM – Eles fizeram as vendas subir.

PERGUNTA – De que maneira eles fizeram isso?

O objetivo dessas perguntas é especificar as ações para que a mensagem se torne clara.

3. Nominalizações

Quando os verbos se transformam em substantivos. Esse tipo de mensagem aguça nossa curiosidade, pois as informações estão distorcidas.

O quê?

MENSAGEM – Eu me sinto magoada no emprego.

PERGUNTA – O que especificamente te magoa no emprego?

Como?

MENSAGEM – Eu não me sinto valorizada.

PERGUNTA – Como especificamente você quer ser valorizada?

Quem?

MENSAGEM – A estocagem dos produtos está boa.

PERGUNTA – Quem estoca o quê, como?

O objetivo das perguntas é tornar a ação que ficou camuflada na mensagem, em uma ação clara.

4. Quantificadores Universais

Quando generalizamos uma mensagem.

Todos?

MENSAGEM – As mulheres são vaidosas.

PERGUNTA – Todas as mulheres são vaidosas?

Nenhum?

MENSAGEM – Homens não choram.

PERGUNTA – Nenhum homem chora?

Sempre?

MENSAGEM – O trabalho é cansativo.

PERGUNTA – Sempre? Não há momentos em que o trabalho não é cansativo?

Nunca?

MENSAGEM – O país não valoriza os trabalhadores.

PERGUNTA – Nunca? Não há momentos em que os trabalhadores são valorizados?

O objetivo das perguntas é desfazer as generalizações.

5. Operadores Modais

De necessidade – quando as pessoas transmitem palavras que estabelecem regras quanto ao que é necessário, apropriado ou exigido: Tenho que/Não tenho que/ Devo/ Não Devo/ É exigido/Deveria/Não Deveria. São generalizações porque contêm exageros de interpretação.

O que aconteceria se você o fizesse/não o fizesse?

MENSAGEM – Tenho que manter bons relacionamentos.

PERGUNTA – O que aconteceria se você não mantivesse bons relacionamentos?

MENSAGEM – Devo me comportar em festas.

PERGUNTA – O que aconteceria se você não se comportasse?

MENSAGEM – É exigido que eu mantenha a calma.

PERGUNTA – O que aconteceria se você não se mantivesse calma?

O objetivo das perguntas é esclarecer as consequências dos atos.

De possibilidade – quando as pessoas estabelecem em suas palavras regras quanto ao que é possível: Não posso/Não consigo/É impossível. São generalizações porque contêm exageros de interpretação.

O que aconteceria se você pudesse?

Como é que seria se você pudesse?

O que impede você?

MENSAGEM – É impossível manter uma amizade com ele.

PERGUNTAS – O que aconteceria se você pudesse?

Como é que seria se você pudesse?

O que impede você?

MENSAGEM – Eu não consigo falar de forma eficaz.

PERGUNTAS – O que aconteceria se você conseguisse?

O que te impede de falar de forma eficaz?

Como seria se você conseguisse?

O objetivo das perguntas é esclarecer as causas.

6. *Execução Perdida*

Quando se omite quem está fazendo a avaliação, assim como para quem a informação é verdadeira ou falsa.

É certo/errado de acordo com quem?

MENSAGEM – Esta é a forma certa de escrever.

PERGUNTA – De acordo com quem? Certa para quem?

Certo / errado para quem?

MENSAGEM – Isto é errado.

PERGUNTA – De acordo com quem? Errado para quem?

O objetivo das perguntas é esclarecer a fonte e o critério usado no julgamento.

7. Leitura Mental

Quando se distorce uma informação pela suposição de saber o que se passa internamente com a outra pessoa, também incluímos aqui os "achismos", pois falta consistência na informação para se chegar às conclusões.

Como você sabe?

MENSAGEM – Eu sei o que você vai falar.

PERGUNTA – Como você sabe disto?

O que faz você pensar isto?

MENSAGEM – Ela não pensa nas oportunidades.

PERGUNTA – O que te faz pensar isto?

O objetivo das perguntas é esclarecer as fontes das afirmações.

Utilizando as perguntas do Metamodelo de Linguagem você descobrirá como nossos pressupostos nos pregam peças. Sem contar que evitará ações desnecessárias baseadas no que você "achou" que entendeu. Descobrirá também a diversidade de interpretações que existem, e como elas são coerentes com a forma de pensar de cada um. Nós somos únicos, pensar que outras pessoas têm o mesmo entendimento nosso é o equivalente a achar que a humanidade provém de uma linha de produção automatizada.

O Metamodelo de Linguagem tem como objetivo deixar a comunicação clara para ambos os lados, pratique essa forma de se comunicar e torne específico o que você quer transmitir, as pessoas se beneficiarão com isso e você também.

O MARTELO

Um homem queria pendurar um quadro. O prego ele já tinha, só faltava o martelo. O vizinho possuía um, e o nosso homem resolveu ir até lá pedi-lo emprestado.

Mas ficou em dúvida: – E se o vizinho não quiser me emprestar o martelo? Ontem ele me cumprimentou meio secamente. Talvez estivesse com pressa. Mas isso devia ser só uma desculpa. Ele deve ter alguma coisa contra mim. Mas por quê? eu não fiz nada! Ele deve estar imaginando coisas. Se alguém quisesse emprestar alguma ferramenta minha eu emprestaria imediatamente. Por que ele não quer me emprestar o martelo? Como é que alguém pode recusar um simples favor desses a um semelhante? Gente dessa laia só complica a nossa vida. Na certa, ele imagina que eu dependo dele só porque ele tem um martelo. Mas, agora chega!

E correu até o apartamento do vizinho, tocou a campainha, o vizinho abriu a porta. Mas antes que pudesse dizer "Bom-dia", o nosso homem berrou: – Pode ficar com o seu martelo, seu imbecil!

Paul Watzlawick

7

AJUSTANDO A SINTONIA

Uma conversa, para gerar bons resultados é como escutar uma determinada estação de rádio, se você não está ajustado na sintonia certa não se aproveita o conteúdo. Há muitos ruídos, incomoda e você quer logo passar para outra estação.

Se conversarmos na mesma sintonia que a outra pessoa o assunto flui de forma natural e prazerosa, o aproveitamento é muito melhor.

Possuímos três canais de comunicação, o visual, o auditivo e o sinestésico. Esses canais são a forma de "como representamos as informações internamente".

O visual diz respeito às nossas imagens internas. O auditivo diz respeito aos sons que escutamos e o sinestésico às sensações que sentimos.

Quando eu falo "carro", você pode tanto pensar na imagem de um carro, como pode pensar no barulho da arrancada de um carro, como também na maciez do estofamento de um carro, dependendo do canal mais utilizado por você. Perceba que utilizamos os três canais em nossa comunicação, mas temos um canal que é o nosso preferencial.

Quando alguém descreve uma viagem, um passeio, uma festa etc... estando atento à comunicação da pessoa, percebe-se seu canal preferencial pelas palavras utilizadas ou frases.

Palavras Visuais

Apagar	Bonito	Brilhante
Cor	Cristalino	Flash
Foto	Horizonte	Iluminar
Imagem	Obstáculo	Perspectiva
Ponto de Vista	Revelar	Ver
Olhar	Imaginar	Insight
Visualizar	Branco	Cena
Escuro	Foco	Penumbra
Visão	Observar	Enevoado
Colorido	Obscuro	Espelhar
Destacar	Fazer sombra	Assistir
Vívido	Cintilar	Brilhar
Aparência	Visão geral	Examinar

Frases Visuais

Vejo o que está querendo dizer com isso.

Estou examinando a tarefa de perto.

Compartilhamos da mesma visão.

Mostre-me o que quer dizer com seu ponto de vista.

Você olhará para trás e dará risadas.

Isso está obscuro para mim.

Você está espelhando a minha forma de pensar.

Eu tive um insight que pode fazer a diferença.

A aparência do restaurante é atraente.

Sua visão geral é muito boa.

Você está fazendo sombra ao seu colega.

Nosso foco de atenção está correto.

Me deu um branco na prova.

Essa ideia brilha aos meus olhos.

PALAVRAS AUDITIVAS

Anunciar	Cantar	Ecoar
Estalo	Harmonia	Murmurinho
Ouvir	Perguntar	Ritmo
Sintonia	Soar	Sonoro
Sussurrar	Tom	Volume
Som	Dizer	Sotaque
Comentar	Ressonar	Monótono
Surdo	Pedir	Acentuar
Audível	Timbre	Discutir
Gritar	Suspirar	Sem fala
Clique	Vocal	Silêncio
Dissonante	Melodioso	Melodia
Musical	Acústico	Cacarejo
Grunhido	Latido	Zumbido
Diálogo	Eco	Rosnar
Tom agudo	Ganir	Tom grave

FRASES AUDITIVAS

Convivemos em harmonia.

Isso soa como melodia aos meus ouvidos.

Estamos em sintonia fina.

O ritmo da conversa está bom.

Ela ficou sem fala quando cheguei.

Deu um clique e liguei para ele.

Ele costuma anunciar minha presença.

É música para os meus ouvidos.

O discurso foi melodioso.

A discussão gerou um zumbido ao redor.

Suas palavras ecoam no horizonte.

O silêncio era tanto que ouvimos os suspirar da plateia.

PALAVRAS SINESTÉSICAS

Aconchegante	Aquecer	Bloqueio
Doce	Gosto	Leve
Olfato	Pegar	Perfume
Pesar	Resistir	Sentir
Suave	Tocar	Umidade
Peso	Macio	Manusear
Equilibrar	Quebrar	Frio
Quente	Firme	Empurrar
Agarrar	Contato	Esfregar
Golpear	Apertado	Sólido
Pressão	Morno	Pesado
Áspero	Liso	Tomar
Sensível	Grudento	Tensão
Concreto	Afiado	Tesão
Fresco	Fedorento	Frio na barriga

Frases Sinestésicas

Ele tem a língua afiada.

O clima está quente na reunião.

Ela é áspera com as palavras.

Eu resisti ao seu encanto.

A disputa está equilibrada.

É muita pressão para eu aguentar.

Sinto meu corpo pesado.

Ela está na saia justa.

Minha vida está amarga.

Ele é um doce de pessoa.

O contato que tivemos foi esclarecedor.

Antes da prova senti um frio na barriga.

O perfume no ar denunciou sua presença.

Gosto do seu jeito firme de lidar com os problemas.

Eu me senti sendo golpeado pelas costas.

As vendas estão aquecidas.

Essas palavras e frases ditas a alguém que está atento lhe indicarão o canal preferencial utilizado pela pessoa.

Identificando seu canal preferencial podemos ajustar a sintonia de nossa comunicação, tornando a conversa clara e de fácil entendimento. Evitam-se com isso interpretações errôneas ou distorcidas.

Há conversas em que acreditamos que estamos sendo suficientemente claros, mas quando nos deparamos com os resultados percebemos que o outro não entendeu o que falamos. Isso é comum quando não estamos ajustados na sintonia certa do outro.

Se você tem como canal preferencial o visual, e fala sobre uma "casa" dará mais atenção ao tamanho da casa, a cor das paredes, o tipo de assoalho, o tamanho das janelas, as flores do jardim, ou seja, seu relato detalha o que ela viria se estivesse na casa, naquele momento.

Se você prefere o canal auditivo, dará mais atenção ao que escuta na casa como o barulho dos pássaros no jardim, a movimentação da rua, a acústica da casa, se os vizinhos são barulhentos ou não etc.

Se você prefere o canal sinestésico, dará mais atenção às sensações que a casa proporciona, como aconchego, o perfume das flores, o aquecimento da casa, a ventilação, a tranquilidade da rua etc.

O CORPO SINALIZANDO O VAC (VISUAL, AUDITIVO, SINESTÉSICO)

Além das palavras e frases utilizadas pelos visuais, auditivos e sinestésicos temos também como observar como os mesmos se utilizam do corpo, do tom de voz e da velocidade da fala.

Uma pessoa com o canal preferencial visual costuma projetar seu olhar acima da altura dos olhos, portanto sua cabeça estará, na maior parte das vezes, inclinada para cima quando fala. Seu tom de voz tende a ser alto e costuma falar rápido.

Uma pessoa com o canal preferencial auditivo costuma projetar seu olhar na altura dos olhos, portanto sua cabeça estará, na maior parte das vezes, reta. Seu tom de voz tende a ser moderado, nem alto nem baixo e costuma falar num ritmo moderado. Os auditivos mostram cuidado na escolha das palavras utilizadas, se escolheram uma palavra que não soou de acordo com a mensagem que queriam transmitir, logo procuram outra em seu repertório farto para substituir a anterior.

Uma pessoa com o canal preferencial sinestésico costuma projetar seu olhar para baixo, seu tom de voz é baixo, e geralmente fala pausadamente. Eles sentem suas palavras e conseguem criar uma conexão, pois ao falar conseguem sentir o que se passa internamente com o outro.

Percebendo as diferenças

Três amigos vão assistir a um jogo de tênis.

O primeiro diz: – Foi uma partida **brilhante**! Vou lhe contar os melhores **lances**. Os dois jogaram bem, a **visão** da arquibancada era **nítida** e a **iluminação** estava muito boa. Tivemos sorte de **ver** o jogo de perto, pois estava lotado. Vou **assistir** novamente ao jogo pela televisão, quero **rever** os golpes.

O segundo diz: – Foi um jogão! Vou lhe **contar** a respeito. Os **aplausos** eram notados desde a entrada do clube, a plateia **gritava** os nomes dos jogadores e não se conseguia **ouvir** o juiz **cantar** os pontos.

O terceiro diz: – Foi uma partida muito **equilibrada**! **Sentia-se** a **pressão** da torcida, pois o jogo estava **apertado**. O clima estava **quente** entre os jogadores. O juiz se viu de **saia justa** na marcação dos pontos.

Esses exemplos são exagerados, devemos nos prender **à maioria** das palavras ou frases utilizadas, pois como já falamos, utilizamos os três canais de comunicação.

Vamos supor que duas pessoas estão conversando, um prefere o canal visual e o outro prefere o canal sinestésico. Os detalhes trocados provavelmente não vão despertar o interesse, de ambos, em continuar uma conversação, pois o que um aprecia não significa tanto para o outro.

Esta é a importância de se ajustar o canal de comunicação à sintonia do outro, ambos levarão vantagens.

Ansiamos por despertar o interesse dos outros, seja em família, seja no trabalho, seja entre amigos, enfim, buscamos a compreensão das pessoas. Ajustar a sintonia da conversa é uma ferramenta que proporcionará diálogos proveitosos e interessantes e fará com que você exercite formas diferentes de comunicação.

Você é importante

- *Diga o nome das cinco pessoas mais ricas do mundo.*
- *Diga o nome dos cinco últimos ganhadores do prêmio Nobel, aquele, dado para personalidades que se destacaram na ciência, economia, assuntos da paz.*
- *Agora diga o nome das cinco últimas misses universo. Lembrou?*
- *Dê agora o nome de dez ganhadores de medalha de ouro nas olimpíadas.*
- *E para terminar, os últimos doze ganhadores do Oscar.*

Como foi? Lembrou-se de algum? Difícil, não? E olha que são pessoas famosas, não são anônimas não! Mas o aplauso morre, prêmios envelhecem, grandes acontecimentos são esquecidos.

Agora tente este outro teste:

- *Escreva o nome dos professores que você mais gostava.*
- *Lembre-se de três amigos que ajudaram você em momentos difíceis.*

- *Pense em cinco pessoas que lhe ensinaram alguma coisa valiosa.*
- *Pense nas pessoas que fizeram você se sentir amado e especial.*
- *Pense em cinco pessoas com quem você gosta de estar. Mais fácil esse teste não?*

Sabe qual é a moral da história: "As pessoas que fazem diferença na sua vida não são as que têm mais credenciais, dinheiro ou prêmios. São as que se importam com você!!!"

MOVIMENTO PROVÁVEL DOS OLHOS

Esse tema aborda "o como" fazemos para trazer à consciência fatos registrados em nossa mente. Antes de ilustrar gostaria de lembrar que tudo, absolutamente tudo que já nos aconteceu está armazenado em nossa mente de forma consciente (temos conhecimento do fato), ou de forma inconsciente (quando não temos conhecimento do fato, mas ele aconteceu, por algum motivo não nos lembramos do fato no momento). O movimento provável dos olhos é o lugar que olhamos para acessar as lembranças e trazê-las à consciência.

Vamos relembrar que lembranças visuais são aquelas que nos chegam através de imagens, lembranças auditivas são as que nos chegam em sons e lembranças sinestésicas são as que nos chegam através das sensações que sentimos. *(vide imagem na pág. 114)*

Quando perguntamos a alguém o que ele comeu no dia anterior, e ele primeiramente se recordar visualmente do prato, então olhará para o seu lado esquerdo em cima (VL) – Visual Lembrado. Se ele primeiramente se recordar do gosto da comida, então olhará para o seu lado direito embaixo (C) – Sinestésico. Agora, se ele lembrar primeiramente de sua mãe anunciando o prato, então olhará para o seu lado esquerdo na direção do olho (AL) – Auditivo Lembrado.

Esses movimentos dos olhos acontecem muito rapidamente e antes da resposta. A pessoa, primeiro, escuta a pergunta, depois busca com os olhos a lembrança, e só depois fala sobre ela.

Se essa mesma pessoa, antes de responder olhar para o seu lado esquerdo abaixo – Diálogo Interno – ela estará conversando com ela mesma antes de dar a resposta, poderá, por exemplo, estar se perguntando qual o intuito dessa pergunta.

Agora, vamos supor que perguntamos a nossa filha adolescente que horas ela chegou a casa ontem. Se ela chegou tarde para os costumes da família e sabe que isso pode causar um estresse, ela poderá olhar para o seu lado direito em cima (VC) – Visual Construído, ou para seu lado direito na direção dos olhos (AC) – Auditivo Construído, dependendo se a lembrança veio de forma visual ou auditiva. Isso quer dizer que ela preferiu construir uma reposta que cause menos estresse familiar.

Para ilustrar – buscamos informações acontecidas no lado esquerdo e criamos respostas do lado direito. Isso se dá para os destros, para os canhotos a disposição é invertida. Não me perguntem por que há essa diferença entre destros e canhotos, pois nem a Neurolinguística sabe ao certo responder essa questão, essa ciência se baseia em pesquisas e observações realizadas em décadas de estudo, e chegou a essa conclusão. E quem trabalha utilizando os conhecimentos da Neurolinguística pode comprovar que essa diferença entre destros e canhotos na busca de lembranças realmente acontece.

Como o título já diz, esses movimentos dos olhos são prováveis, não são sentenças matemáticas, devemos tomar cuidado para não sair julgando ou testando pessoas, devemos ter em mente que somos responsáveis pelos nossos conhecimentos e só podemos utilizá-los quando há uma intenção nobre por trás deles. De outra forma estaremos sendo irresponsáveis e indignos dos conhecimentos que possuímos.

Intenções nobres – um terapeuta na avaliação de seu paciente, um juiz para escutar as declarações do acusado e com isso dar uma sentença justa, uma professora quando têm problemas com o aluno e precisa conversar com a mãe para entender o que se passa com a criança em casa,... essas intenções e outras que me fogem à mente são exemplos de utilizar um conhecimento para uma finalidade benéfica, ou seja, para ajudar a pessoa de alguma maneira.

Se você tiver alguma dúvida se sua intenção é nobre ou não, pense no seguinte – se houver intenção de julgamento moral o objetivo não é nobre. E se a informação que está buscando é útil somente a você e não beneficia mais ninguém, o objetivo também não é nobre.

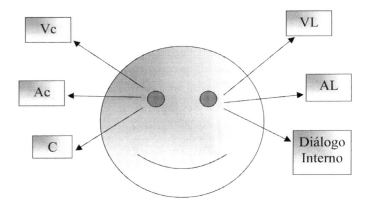

Anteriormente foi apresentado o conhecimento sobre as palavras processuais (engloba as visuais, auditivas e sinestésicas) e como podemos fazer para ajustar nossa sintonia com quem conversamos, mas além das palavras devemos também corresponder à forma de agir e pensar de cada um. Há pessoas extrovertidas e introvertidas e conheceremos agora as principais diferenças entre elas.

EXTROVERTIDOS E INTROVERTIDOS

Ser introvertido ou extrovertido representa como preferimos interagir com o mundo a nossa volta ou com as pessoas que convivemos.

Sabemos que para algumas ocupações ser extrovertido facilita alcançar resultados positivos, mas em outras o introvertido leva vantagem.

A diferença básica entre eles é que o extrovertido vai desenvolvendo seu pensamento enquanto fala, surpreendendo-se às vezes com o que falou, pois até para ele era uma novidade; enquanto que o introvertido pensa, analisa e depois expressa seu pensamento.

Perceba que muitos julgamentos inadequados podem ser feitos em função dessas características, quando elas aparecem em um ambiente que valoriza as qualidades da característica contrária.

Segundo alguns estudos cerca de 25% da população têm tendência à introversão, mas devemos salientar que em sociedades insulares a porcentagem pode aumentar, o maior exemplo é a sociedade japonesa, que inclusive valoriza os introvertidos, pois eles costumam demonstrar maior autocontrole emocional.

Na nossa sociedade latina admiramos com facilidade as pessoas que sabem se apresentar e se diferenciam das outras pela eloquência ou facilidade de interação, assim sendo, incentivamos os extrovertidos e criamos uma sociedade onde os impulsos e reações emocionais são mais constantes.

É necessário salientar que nenhum dos dois é mais inteligente, capaz ou especial que o outro, apenas se adapta melhor em função da situação e do meio ambiente. Existe também uma parcela de pessoas que em determinadas situações agem como extrovertida e em outras demonstram todas as características dos introvertidos.

Concluindo, por mais que gostaríamos que o ser humano nascesse com um "manual do usuário" ele continua sendo uma grande surpresa a qualquer momento, e querer julgar uma pessoa pelo que você acredita que ela é ou pelo que sabe que ela foi corre o grande risco de estar completamente enganado.

8

MENSAGENS DO CORPO

Uma das maiores preocupações do ser humano, nos tempos atuais, é transmitir suas ideias e pensamentos às outras pessoas, e principalmente saber como os outros estão interpretando.

Praticamente a totalidade dos mal-entendidos nasce na comunicação ineficiente. Nós acreditamos que quanto mais falamos mais fácil será o entendimento da outra pessoa, porém, desconsideramos as mensagens que inconscientemente estamos passando. Para compreender como a mensagem se transmite, devemos ter em mente que utilizamos três canais de comunicação, que juntos são os responsáveis pela totalidade das informações que transmitimos.

Os três canais citados são: conteúdo, linguagem corporal e tom de voz. Percebam que nós nos atemos muito ao conteúdo, e quando percebemos a divisão percentual de cada um desses componentes na transmissão da mensagem, fica claro por que nossa comunicação gera tantos mal-entendidos.

Pesquisas realizadas pela Universidade da Califórnia mostram os percentuais destes três itens:

Conteúdo – 8%
Tom de Voz – 35%
Linguagem Corporal – 57%

Vamos nos ater agora na Linguagem Corporal, cuja importância prevalece e muito sobre as duas outras, ou seja, nosso corpo fala muito mais do que nossas palavras. As mensagens transmitidas pelo corpo, podemos dizer que são legítimas, pois querendo ou não, nós estaremos transmitindo a verdade, diferentemente das palavras, que escolhemos utilizar às que melhor se encaixam em determinada situação.

O sucesso que as pessoas têm nos encontros sexuais está diretamente relacionado à sua habilidade de enviar sinais de envolvimento e de reconhecer aqueles que são retribuídos.

QUAIS OS SINAIS DO DESEJO?

Quando uma pessoa escolhe a companhia de um membro do sexo oposto, certas mudanças psicológicas ocorrem. Descobriu-se que o elevado tônus muscular torna-se evidente na preparação para um possível encontro sexual, a sensação de "inchaço" ao redor da face e dos olhos diminui, o corpo curvado desaparece, o peito fica protuberante, o estômago encolhe-se anormalmente, a barriga desaparece, a pessoa assume uma postura ereta e parece tornar-se mais jovem.

DECIFRANDO MENSAGENS DO CORPO

É importante a observação minuciosa para "decifrar" as mensagens. E ainda mais importante não utilizar esse conhecimento para julgar de forma amadora. Todo comportamento está inserido num contexto e para a sua correta avaliação precisaríamos saber o que se passa internamente com o outro, e todos sabemos que isso é impossível visto que estamos falando de pessoas únicas e complexas. O que podemos conseguir decifrar são indícios, e não certezas absolutas.

Esfregar as palmas juntas – transmite uma mensagem não verbal de que algo vai ser bom, excitante, uma coisa boa de fazer.

Mãos para trás do corpo, uma segurando a outra – geralmente utilizada pelos homens e demonstra autoconfiança.

Mão para trás do corpo, uma segurando o pulso da outra – também geralmente utilizada pelos homens e demonstra uma necessidade de controlar-se, segurar-se, ter paciência para esperar por exemplo. É percebida em vendedores que aguardam para ser atendidos.

Mãos no bolso de trás da calça, com os polegares para fora – é uma postura reservada para tentar esconder a atitude dominadora da pessoa. As mulheres também se utilizam dessa postura, para elas cabe também as mãos nos bolsos da frente da calça com os polegares para fora, a mensagem não verbal continua sendo a de uma pessoa dominadora tentando esconder essa característica.

Mãos colocadas à frente da boca, esse gesto evidencia que a pessoa está tentando reprimir palavras falsas que estão sendo ditas. Se a pessoa que está falando se utiliza desse gesto indica que ele está contando uma mentira, mas se ela cobre a boca enquanto está ouvindo algo indica que ela sente que você está mentido, ou está se repremindo para não falar o que pensa.

Os dedos tocando o nariz com discretos movimentos – esse gesto transmite a mesma mensagem citada acima, só que com maior sutileza, dessa forma a pessoa tem a mesma sensação de mentira, ou dele próprio ou de quem está falando. Lembrese que quando temos uma coceira no nariz o esfregamos com mais força, esse gesto que citamos diz respeito aos movimentos discretos de tocar o nariz.

Esfregar, dobrar ou mexer nas orelhas – esse gesto indica a vontade do ouvinte de "não quero escutar", as crianças são mais explícitas e tampam as orelhas quando não querem escutar. Quando alguém dobra totalmente a orelha para frente pode indicar que ela já ouviu o suficiente e agora quer falar.

Coçar o pescoço logo abaixo do lóbulo da orelha – esse gesto sinaliza que a pessoa não está certa se concorda com você, indica dúvidas quanto ao que escuta ou indecisão por parte dela se deve ou não falar.

Dedos na boca – esse gesto indica que a pessoa se vê sob pressão e necessita de segurança naquele momento. Quando criança essa pessoa se utilizava do seio da mãe para satisfazer essa necessidade de segurança.

Introduzir caneta, cigarro, clipes, borracha, haste de óculos... também tem esse mesmo significado.

Esfregar o queixo – esse gesto sinaliza que a pessoa está analisando o que está sendo dito, para só depois tomar uma decisão, geralmente os homens se utilizam mais desse gesto. A versão feminina é segurar o queixo com o dedo polegar e o indicador.

Cruzar os braços à frente do corpo – demonstra uma atitude negativa frente ao que está ouvindo, sinaliza que está "fechado" ao assunto, ou por não concordar com o que está sendo dito ou por não sentir empatia com o interlocutor. De qualquer forma é um sinal desfavorável de resistência, pois foi colocada uma barreira (os braços cruzados) entre vocês. Pode demonstrar também que não está à vontade e deseja interromper a conversa ou o contato.

Arrumar a pulseira do relógio, ou punho da camisa, colocar a bolsa próxima ao corpo na frente, ou segurar a outra mão – são gestos usados por quem não quer demonstrar suas inseguranças ou nervosismos, em todos esses exemplos os braços cruzam o corpo em sinal de barreira entre você e a outra pessoa.

Sentados quando só os tornozelos se cruzam – demonstra uma tentativa de controle emocional, a pessoa está na defensiva tentando controlar emoções como nervosismo ou medo. Esse gesto tem o mesmo significado quando utilizado por homens ou mulheres.

Tirando fiapos imaginários na roupa – demonstra que a pessoa discorda das opiniões ou atitudes do outro, é um sinal de desaprovação. Mas esse gesto também indica que mesmo discordando das opiniões não se sente à vontade para expressar seus pontos de vista.

Mãos entrelaçadas atrás da cabeça – quem se utiliza desse gesto normalmente tem sua autoestima fortalecida, pois demonstram que se sentem confiantes, seguros, dominadores ou superiores. Podem também transmitir mensagens como "sou mais esperto que você", "sou inteligente", "sou capaz".

As duas mãos na cintura – esse gesto é visto como agressivo e combativo, como se a pessoa estivesse pronta para iniciar um combate, mas também denota uma atitude de prontidão. É uma maneira de demonstrar que está pronto para iniciar uma atividade ou atingir um objetivo. A pessoa está pronta para tomar uma atitude sobre alguma coisa.

O soltar da fumaça – homens ou mulheres que fumam e soltam a fumaça para cima demonstram ser confiantes, superiores e positivos, se soltam a fumaça para baixo demonstram ser negativos, reservados e desconfiados.

Sinais de posse entre homens e mulheres – quando o corpo de um homem se inclina na direção da mulher, tanto sentados como em pé.

Cabeça apoiada – usar a mão para apoiar a cabeça é um sinal que o tédio já o atingiu, pior que isso só bocejar!

São inúmeras as mensagens que são transmitidas pelo corpo a todo o momento, nossa intenção foi especificar as mais utilizadas numa comunicação não-verbal. O importante é que você se familiarize com essas mensagens e treine sua observação cautelosa e detalhista, para que perceba a quantidade de informações que se perde numa conversa quando não se dá importância ao que está sendo dito além das palavras.

Já que estamos falando das mensagens do corpo acreditamos ser útil abordar o tema – **espaço pessoal**, que é a distância aceitável e confortável entre meu corpo e o corpo do outro quando interagimos.

Para que uma comunicação seja proveitosa é importante perceber as necessidades de espaço pessoal que cada um tem. Pois somos únicos com reações e preferências também únicas.

Para uns o fato de conversar bem próximo ao rosto do outro pode não incomodar, e para outros isso pode ser visto como uma agressão ou afronta. Por esse motivo devemos ficar atentos às preferências próprias de cada um.

Lembre-se que numa comunicação é mais aconselhável corresponder às necessidades dos outros, e não às nossas. Tenha em mente que o mais importante não é seguir regras quando se trata de comportamentos humanos e sim desenvolver suas habilidades para se tornar um observador atento e saber corresponder.

Algumas dicas quanto a espaço pessoal é que uma distancia confortável em relacionamentos profissionais ou com pessoas que estamos conhecendo e não somos íntimos é entre 1 metro e 1 ½ metro, pois dessa forma ninguém se sentirá invadido em seu espaço. Nunca devemos esquecer as convenções de cada sociedade, e se informar sobre elas quando se tem contato com pessoas de outros países é uma obrigação e demonstração de respeito. Os beijinhos no rosto, tão comuns hoje em dia, variam o número de lugar para lugar, por exemplo, em alguns lugares é só um, beijando o lado direito da outra pessoa, em outros são dois beijos, direita-esquerda e existem ainda os três beijinhos direita-esquerda-direita. Sei que parecem muitas as regras a serem lembradas, por isso a melhor forma é observar e imitar, pois essa é a forma inicial de aprendizado de todos nós seres humanos.

A BRASA

Um membro de um determinado grupo ao qual eu prestava serviços regularmente, sem nenhum aviso, deixou de participar.

Após algumas semanas, o líder do grupo decidiu visitá-lo. Era uma noite muito fria. O líder encontrou o homem em casa sozinho, sentado diante de um brilhante fogo.

Supondo a razão para a visita, o homem deu-lhe boas-vindas, conduziu-lhe a uma grande cadeira perto da lareira e ficou quieto esperando. O pastor se fez confortável, mas não disse nada. No silêncio sério, contemplou a dança das chamas em torno da lenha ardente.

Após alguns minutos, o líder examinou as brasas, cuidado-samente apanhou uma brasa ardente e deixou-a de lado. Então voltou a sentar-se e permaneceu silencioso e imóvel. O anfitrião prestou atenção a tudo, fascinado e quieto.

Então diminuiu a chama da solitária brasa, houve um brilho momentâneo e seu fogo apagou de vez. Logo estava frio e morto.

Nenhuma palavra tinha sido dita desde o cumprimento inicial. O líder antes de se preparar para sair, recolheu a brasa fria e inoperante e colocou-a de volta no meio do fogo. Imediata-mente começou a incandescer uma vez mais com a luz e o calor dos carvões ardentes em torno dela.

Quando o líder alcançou a porta para partir, seu anfitrião disse: – Obrigado tanto por sua visita quanto pelo sermão. Eu estou voltando ao convívio do grupo.

Autor desconhecido

As Pistas da Mentira
texto extraído da internet sobre Paul Ekman e seu trabalho sobre expressões faciais.

A mentira é uma característica tão central na vida, que um melhor conhecimento desta será relevante para a compreensão de quase todos os comportamentos humanos (Ekman, 1985).

Podem-se imaginar algumas situações em que se faz ne-cessário identificar a mentira, situações onde esta pode ter uma implicação grave, muito diferente da mentira social:

1. *Um psicólogo, ao entrevistar um detento, a fim de elaborar uma avaliação de soltura, deverá ter conhecimentos para*

detectar a mentira, pois será um dos responsáveis pelo ajustamento deste à sociedade;

2. Um juiz, ao dar o veredicto final de um processo, deve estar atento aos sinais indicadores de mentira a fim de proceder com justiça;

3. Um empresário poderá evitar problemas futuros se estiver habilitado para reconhecer tais sinais, ao estabelecer uma negociação.

Comportamentos não-verbais podem indicar contradições entre aquilo que o paciente diz e o que se manifesta em seu comportamento, sendo que o terapeuta pode utilizar tais dados em seu trabalho terapêutico, assinalando, por exemplo, as contradições entre o que o paciente mostra com seu corpo e aquilo que diz.

Pode-se definir mentira como o ato de enganar alguém, deliberadamente, sem antes notificá-lo de tal intenção. Assim, de acordo com esta definição, quando se joga pôquer, ao omitir informações sobre seu jogo, você não estará mentindo, pois se espera que um bom jogador blefe durante a partida. Da mesma maneira que o jogador de pôquer, um ator não espera que seu público acredite que os sentimentos que ele expressa sejam reais. Por outro lado, existe o autoengano, situação na qual aquele que falseia informação acredita naquilo que diz, logo, não está mentindo (Ekman, 1997).

Segundo Ekman (1985) existem várias formas de mentira: omitir informação verdadeira, falsificar ou apresentar informação falsa como sendo verdadeira, admitir uma emoção dando uma origem falsa para sua causa, contar a verdade falseando-a ou admitir a verdade de maneira tão exagerada que pareça mentira, falar apenas parte da verdade, ou dizer a verdade de forma a parecer o oposto do que é dito.

A seguir abordamos as pistas não-verbais que indicam quando alguém está mentindo.

Sinais da Mentira

Mentimos com mais facilidade com as palavras do que com nossas gesticulações ou posturas corporais. É verdade que as pessoas podem exibir um rosto simpático, construir um sorriso falso e fingir que estão com raiva. Elas podem, ainda, ser falsas nas suas ações, bem como com as palavras, mas apenas quando sabem mais ou menos o que fazer.

Embora, o "bom mentiroso" emita um menor número de sinais com o corpo e com a face, conseguindo suprimir a maior parte dos movimentos de contorção do corpo, restam quase sempre alguns pequenos movimentos corporais (Morris, 1996; Morris, 1978) e faciais (Ekman, 1985) difíceis de serem eliminados. Esses movimentos podem limitar-se a micro expressões faciais e a ligeiras alterações de peso ou pressão, sendo que esses indícios podem ser detectados caso o ouvinte esteja alerta para eles.

Gestos

As pistas que mais facilmente podem ser suprimidas quando mentimos são os gestos. Existem alguns tipos de gestos que merecem atenção:

1. Emblemas são sinais gestuais que, dentro de uma cultura, possuem um significado preciso, sendo usados em lugar de uma palavra ou quando não se pode falar. Os emblemas aparecem cortados e/ou incompletos quando a pessoa

mente, surgindo, geralmente, fora da região de apresentação (entre pescoço e quadris). Como exemplos de emblemas, na cultura ocidental, temos o levantar os ombros em sinal de interrogação ou incerteza e o balançar a cabeça em sinal de "sim" ou "não". Pessoas mentindo levantam sutilmente um dos ombros antes de responder a algumas perguntas, promovendo, desta forma, um sinal de mentira (Ekman, 1985). Em resumo, pode-se dizer que os sinais emblemáticos aparecem, deixando escapar informações ocultas, fora da região de apresentação, quando mentimos.

2. *Ilustradores são gestos diretamente ligados à fala. Os ilustradores servem apenas para enfatizar ou ilustrar o discurso. Os estudos sobre mentira indicam que há uma tendência das pessoas usarem menos ilustradores quando falseiam uma informação. Na mentira, os ilustradores aparecem fora de sincronia com o discurso. Por exemplo, ao enumerarmos tópicos ilustrando com os dedos (um, dois, três, quatro etc.) estes aparecem atrasados em relação à contagem verbal.*

3. *Manipuladores ou Adaptadores: Os manipuladores ou adaptadores são gestos que não estão diretamente relacionados à fala. Caracterizam-se como movimentos de automanipulação, como coçar o nariz, passar a mão no cabelo, esfregar o queixo, etc. A frequência de manipuladores aumenta quando a pessoa está tensa e ansiosa (não necessariamente quando está mentindo). Entretanto, como muitas pessoas sentem-se tensas e ansiosas quando estão mentindo, estes gestos podem aparecer nestas ocasiões, em função de um maior "desconforto psicológico".*

Paralinguagem

De acordo com Rector e Trinta (1990), a paralinguagem remete a uma série de ocorrências na linguagem, mas que não fazem parte da Língua. Assim temos: a) Variações de altura e intensidade da voz, não previstas no sistema de entonação; b) as pausas; c) sons que não fazem parte da Língua, como os risos e suspiros; d) outras qualidades da linguagem articulada, como a ressonância.

Embora tenhamos um grande controle sobre o conteúdo de nossa fala, a paralinguagem pode muitas vezes nos trair, fornecendo pistas de que estamos mentindo. Destacamos a seguir alguns sinais paralinguísticos da mentira:

1. *Fala: torna-se mais alta e menos fluente na simulação. Hesitar no início da fala, particularmente se a hesitação ocorrer quando alguém estiver respondendo a uma pergunta, pode ser um sinal de mentira (Ekman, 1985).*

2. *Pausas: podem ser mais longas e/ou mais freqüentes quando as pessoas mentem. É como se fosse necessário parar para pensar antes de responder uma pergunta.*

3. *Tom de Voz: de acordo com a literatura, quanto mais nervosa está uma pessoa mais aguda fica sua voz. Como as pessoas, em geral, ficam nervosas quando mentem, uma voz mais aguda pode ser indicador de mentira. Por outro lado uma pessoa pode estar nervosa por razões outras que não seja o medo de ser pego mentindo.*

Face

As pessoas possuem maior dificuldade de mentir com a face do que com as palavras. Quando falamos, podemos nos monitorar com a audição. O mesmo não acontece com as expressões faciais autênticas, que, além de não possuírem um sistema de feedback sensorial, são involuntárias e possuem um tempo de duração relativamente curto. Inibir uma expressão facial espontânea pode ser muito difícil, e nem sempre estamos atentos o suficiente para antecipar sua ocorrência e controlá-la a tempo de escondê-la com outra expressão. Por outro lado, pode-se dizer que demonstrar na face uma emoção que não é sentida nem sempre é possível, porque as vias neurais subjacentes às expressões espontâneas e às expressões posadas são diferentes, e os músculos faciais respondem de maneira diferente a estímulos provenientes de cada uma. Estas são algumas pistas faciais indicadoras de que a pessoa está mentindo sobre suas verdadeiras emoções:

1. Expressões quebradas aparecem quando o sujeito percebe que uma expressão vai aparecer e tenta controlá-la, conseguindo-o apenas em parte. O resultado é que apenas alguns sinais da expressão total aparecem. Comumente, o sorriso ou uma expressão falsa é criada para encobrir a expressão original.

2. Timing. Expressões verdadeiras são demonstradas rapidamente na face. Se a expressão não é verdadeira, esta tende a permanecer na face por mais tempo que o usual.

3. Expressões Assimétricas: existem evidências de que as expressões voluntárias (não espontâneas) são assimétricas, enquanto que as involuntárias (espontâneas) não o são.

4. Localização: Se a expressão de uma emoção aparece depois das palavras relativas a esta, provavelmente ela é falsa. Normalmente, a expressão de uma emoção genuína aparece junto com as palavras e até alguns segundos antes.

Conclusão

Nesta breve exposição enumeramos apenas algumas pistas não-verbais da mentira. Esse conhecimento representa um instrumento importante para o reconhecimento desta. Com isso não queremos sugerir que a mentira possa ser desvendada por uma "receita de bolo". O estudo sério e científico requer sua contextualização no âmbito total do comportamento. Os indícios aqui resumidos são apenas uma amostra do que a psicologia experimental vem pesquisando no campo da percepção da mentira.

Pesquisador que mapeou o repertório de expressões faciais humanas revela as pistas deixadas pelos mentirosos.

Revista Scientific American – por Siri Schubert

A expressão de um rosto muitas vezes dispensa palavras. Alegria ou tristeza, medo ou raiva, decifrar expressões faciais é um dos exercícios mais corriqueiros do ser humano, tanto que quase sempre o fazemos sem perceber. A convivência social seria impensável sem essa habilidade. Há mais de quatro décadas o psicólogo americano Paul Ekman, da Universidade da Califórnia de São Francisco, se ocupa do estudo da mímica facial humana. Aos 73 anos e aposentado há cerca de três, ele continua ajudando especialistas da CIA no combate ao terrorismo. Mas é bastante consciente dos limites de seus métodos: "Ofereço apenas uma ferramenta descritiva".

Sob as fartas sobrancelhas, seus olhos observam atentamente cada franzir de minha testa, cada movimento dos meus lábios. "O senhor pode ler pensamentos?", pergunto. "Não, posso no máximo perceber como você está se sentindo, mas não o que está pensando." E explica a diferença: "O medo se manifesta sempre *da mesma forma, não importa se você teme que suas mentiras sejam descobertas ou que não acreditem em suas verdades".*

Em situações como essa, pode ocorrer o que Ekman chama de "equívoco de Otelo". No drama de William Shakespeare, o protagonista interpreta o medo no semblante de Desdêmona como sinal de traição, e a mata baseado na percepção equivocada. Ekman quer ajudar a evitar enganos semelhantes por parte de agentes secretos. "Prender um culpado é bom, mas é igualmente importante diminuir o número de pessoas postas sob suspeita injustamente", ressalta.

Quando ele estudava psicologia na Universidade de Chicago, nos anos 50, as emoções eram consideradas uma área marginal da pesquisa científica. Muitos acadêmicos acreditavam que o mundo das emoções era pouco acessível ao conhecimento científico – ou, pelo menos, não tão interessante quanto, por exemplo, os mecanismos da aprendizagem, do pensamento ou das motivações. Mas o jovem Ekman decidiu se concentrar, desde o início, nos enigmas da comunicação não-verbal. Queria entender por que algumas pessoas decifram facilmente os sentimentos de seu interlocutor enquanto outras caem em qualquer armadilha.

*Na época, considerava-se que o comportamento mímico humano era resultado de aprendizado cultural. Pesquisadores não pareciam interessados no repertório universal de expressão dos sentimentos, já postulado por Charles Darwin (1809-1882) no livro **A expressão das emoções dos homens e dos animais**, de 1872.*

Ekman, porém, preferiu tomar direção contrária à do pensamento científico vigente e viajou para o Brasil com uma coleção de fotografias na bagagem. Eram retratos de americanos brancos expressando sete emoções; alegria, tristeza, ira, medo, surpresa, nojo e desprezo. Moradores da região amazônica identificaram facilmente os sentimentos expressos pelos fotografados. Ekman repetiu a experiência em outras expedições. Chile, Argentina, Japão – onde quer que fosse, as pessoas manifestavam tristeza, ira ou alegria com as mesmas mímicas usadas pelas pessoas das fotos. Uma das possibilidades cogitadas pelo psicólogo era de os entrevistados terem se inspirado em expressões faciais apresentadas em filmes ou revistas.

Para tirar a dúvida, ele foi a Papua Nova Guiné, em 1967, em busca de populações isoladas. E novamente comprovou que as sete emoções básicas selecionadas faziam parte de um repertório universal. Isso indicava que a linguagem facial tem origem biológica e independe de fatores culturais.

Os resultados suscitaram novas perguntas: de quantas expressões faciais o ser humano dispõe para se comunicar? Que significa determinada expressão? É possível treinar a leitura de emoções? Ekman queria produzir uma espécie de dicionário universal da mímica facial.

Em parceria com o pesquisador Wallace Friesen, Ekman levou seis anos para produzir o **Sistema de codificação de ação facial** (Facs, na sigla em inglês), publicado em 1978. Além de descrever e classificar cada expressão facial, o sistema permite combinações entre 43 grupos de músculos básicos da face, o que resulta em 10 mil possibilidades. Todas foram catalogadas com os nomes latinos dos músculos envolvidos e, em alguns casos, com a identificação da emoção correspondente, por exemplo: "Frontalis, pars medialis; 1. Levantar a parte interna das sobrancelhas: tristeza". Uma das limitações do sistema, entretanto, está no fato de algumas combinações musculares não terem significado.

Houve uma descoberta surpreendente depois que o próprio Ekman tentou simular, enquanto trabalhava no laboratório, expressões convincentes de tristeza, mantendo-as pelo maior tempo possível. À noite, sentia-se emocionalmente esgotado. Quando, ao contrário, procurava sorrir mais que o usual, seu humor melhorava. "Foi uma iluminação", lembra-se. No entanto, isso contradizia a idéia segundo a qual os sentimentos surgem na psique e o papel do corpo é simplesmente comunicá-los.

Tensão muscular

Ekman e Friesen mostraram que a tensão de certos músculos da face não provoca apenas alterações na pressão arterial e no batimento cardíaco, mas pode desencadear emoções. Portanto, parece haver alguma relação entre a musculatura facial e os mecanismos cerebrais responsáveis pelos sentimentos.

Na década de 80, uma provocação comum dos psiquiatras aos pesquisadores da mímica era se e como eles poderiam detectar a mentira no rosto dos pacientes. Um dia Ekman lembrou-se de um vídeo antigo de uma paciente e percebeu uma oportunidade para usar o Facs na prática. Anos antes, ele filmara uma mulher, identificada como Mary, internada numa clínica psiquiátrica. Ela estava aparentemente recuperada de uma grave crise de depressão e havia pedido ao médico que a liberasse para passar o fim de semana em casa. Felizmente seu desejo não foi atendido, pois Mary admitiu mais tarde que pretendia aproveitar a ocasião para suicidar-se.

Segundo sua hipótese, se a mímica facial de fato denunciasse os sentimentos, a intenção de Mary deveria ter sido revelada naquele vídeo. Ele o viu muitas vezes, até mesmo em câmera lenta, para não perder nenhum detalhe. De repente flagrou uma expressão de desespero escapar do rosto da paciente no meio de uma frase. Essas microexpressões, que muitas vezes não duram nem um quinto de segundo eram a chave procurada pelo pesquisador. O controle das próprias expressões faciais tem limite, mesmo quando a pessoa se esforça imensamente para disfarçá-las. Por um breve momento, os verdadeiros sentimentos faíscam.

Ekman passou os anos seguintes ocupado com a produção de um programa de autoaprendizado que ajudasse as pessoas a decifrar as expressões faciais de acordo com o Facs. E notou que quanto mais elas focalizavam a atenção nas microexpressões, com mais eficácia desenvolviam a habilidade de ler esses sinais com rapidez, ainda que no início do aprendizado isso fosse possível só quando as imagens eram exibidas em câmera lenta.

O experimento chamou a atenção do psicólogo para um fenômeno intrigante: a maioria das pessoas tem dificuldade em desmascarar mentiras, e isso vale também para os pesquisadores da mímica facial. No entanto, alguns parecem ter um talento nato para interpretar intuitivamente as microexpressões e, consequentemente, reconhecer mentirosos.

Alguns políticos certamente não se sentiriam à vontade se confrontados com quem não se deixa enganar por palavras. Em um dos debates da campanha presidencial americana de 1992, Ekman percebeu como Bill Clinton girava os olhos rapidamente, exibindo uma expressão marota, como se fosse o que os americanos chamam de bad boy. "Telefonei para um conhecido que fazia parte da equipe de Clinton e lhe disse que aquela cara não caía bem", conta. "Mas meu comentário não foi considerado. Suponho que ele queria mesmo se passar por um menino levado, que esconde travessuras sem grande importância. E funcionou. As pessoas pareciam gostar disso."

É possível aprender a mentir convincentemente? "Com certeza. Basta pensar como um jogador de xadrez, controlar os sentimentos e sintonizar a mímica com a atenção do interlocutor, para que ela seja interpretada de forma adequada", garante. Além disso, quanto mais o mentiroso acredita em sua própria história e se sai bem, mais difícil será perceber o embuste. "As mentiras menos convincentes são aquelas ditas pela primeira vez e as que têm um componente emocional" afirma. Por isso, Ekman aconselha que, durante um interrogatório, os investigadores de polícia façam perguntas inesperadas. Em vez de "Você esteve ontem à noite no supermercado X?" a melhor pergunta é: "Onde costuma fazer compras?"

Embora seja possível treinar o reconhecimento das microexpressões, ele adverte que nem sempre é possível considerá-las indícios significativos de mentira. Quando treina profissionais de segurança, Ekman recomenda que se pergunte sempre o que o interrogado está sentindo. Isso diminui o risco de cometer o equívoco de Otelo. Não só mudanças na mímica facial, mas também detalhes da atitude corporal, gestos e variações na entonação da voz podem apontar deslizes. A prova indiscutível de que alguém está dizendo a verdade só seria possível mesmo se nosso nariz fosse como o de Pinóquio.

Por que é tão difícil reconhecer a mentira? Segundo Ekman, as pessoas gostam de acreditar no que lhes é contado. "Quem quer ouvir que está sendo traído no casamento? Ou que os filhos usam drogas? Para aceitar uma coisa dessas é preciso enfrentar o problema. E é justamente isso o que a maioria das pessoas quer evitar", diz. Devido a mecanismos de defesa contra o que nos incomoda e tememos confrontar, as evidências tendem a passar despercebidas. Do ponto de vista evolutivo, não seria vantajoso ser um perfeito detector de mentiras. Em grupos pequenos, esse tipo de revelação quase sempre acaba mal – um dos envolvidos geralmente é expulso da comunidade ou se afasta por iniciativa própria.

Ekman vê paralelos entre seu trabalho e o do Dalai Lama, com quem se encontrou algumas vezes. Na busca pela verdade, também ele quer ajudar as pessoas a entender melhor os próprios sentimentos e a dominar seus impulsos. Dessa forma, espera colaborar para conscientizá-las das próprias emoções antes que estas sejam expressas de forma inadequada.

Para entender o que as expressões revelam e a gravidade do que se tenta ocultar, o pesquisador confia na seguinte regra: "Para decidir quando uma mentira é permitida, pergunto-me como meu interlocutor se sentiria se descobrisse que menti". Se ele interpreta como quebra de confiança ou tentativa de tirar vantagem, a mentira provavelmente é grave e talvez até prejudicial. Isso não vale, porém, para convenções sociais e gentilezas. "Afinal, depois de um jantar, você diria abertamente a seu anfitrião que a comida estava horrível?"

Como identificar deslizes sutis

O Sistema de codificação de ação facial (Facs), desenvolvido nos anos 70 por Paul Ekman e pelo pesquisador Wallace Friesen, é um método para descrever mímicas de conteúdo emocional. Além dos aspectos neurais das reações afetivas a um estímulo, todo sentimento envolve uma mímica. A contração de músculos faciais é definida pelo Facs por meio de minúsculas unidades de movimento. Assim, esticar o músculo da pálpebra direita acompanha todo sorriso verdadeiro. Lábios e narinas contraídos, ao contrário, mostram nojo. Com mais oito movimentos – dos músculos da testa, das sobrancelhas, da região ao redor dos olhos, dos cantos da boca, dos cantos abaixo da boca, dos lábios, da área abaixo do lábio inferior e do queixo – o virtual Max, desenvolvido por Ipke Wachsmuth, da Universidade de Bielefeld, Alemanha, apresenta mímicas de sentimentos muito convincentes.

O interesse se esconde por trás do que não é dito

Em pé, no pátio da universidade, dois jovens conversam animadamente sem prestar a menor atenção no mundo ao redor. Ambos gesticulam, reclinam o corpo, balançam a cabeça. O comportamento corporal dos jovens revela o mútuo interesse.

O corpo muitas vezes nos denuncia, expressando-se por meio de palavras e sinais não-verbais. Antes mesmo de nos darmos conta, nossos desejos, grande parte deles inconsciente, já foram externalizados, parecendo escapar ao controle. No momento da paquera isso se torna ainda mais evidente. Recentemente, inúmeros estudos investigaram essas expressões. É possível destacar 14 principais comportamentos de flerte que podem ajudar a perceber o que está por trás tanto dos próprios gestos quanto daqueles de outras pessoas.

Entre os 14 comportamentos de sedução mais frequentes é possível identificar seis simples e oito complexos. Os primeiros referem-se apenas à comunicação não-verbal: orientar a parte dianteira do corpo na direção do interlocutor; adotar posturas corporais receptivas, sem braços cruzados, por exemplo; tocar a outra pessoa; permanecer a uma pequena distância física do outro; sorrir; e olhar para seu rosto. Expressões complexas transmitem vários tipos de mensagens, com ou sem palavras, como tomar a iniciativa do contato; mostrar-se abalado pela presença da pessoa; ter a atenção dirigida para seu objeto de interesse, como se mais nada à sua volta importasse; tentar agradar à *pessoa; procurar e ressaltar afinidades e semelhanças com o interlocutor; facilitar a conversa; esforçar-se para prolongar momentos de aproximação; e mostrar disponibilidade para aceitar convite para novo encontro. Cabe, entretanto, um alerta. Nenhum desses 14 comportamentos, isoladamente, indica com toda segurança a existência de atração amorosa. Esses sinais podem ser apresentados por outros motivos, como interesse amistoso ou profissional.*

Estudos recentes sugerem que os olhares em geral são mais bem recebidos pela pessoa com quem se conversa quando dirigidos ao seu rosto e não a partes de seu corpo, como mãos, ou a algum detalhe da roupa. Ao voltar-se para a face do interlocutor, a tendência é que a pessoa concentre sua atenção nas regiões da boca e dos olhos.

Outro sinal da prontidão para cortejar é a modulação da própria voz para aproximá-la do tom usado pelo interlocutor – sem que se force ou mesmo se perceba esse processo. Quando duas pessoas estão entrosadas as vozes tendem a se tornar semelhantes. Há similaridade também na extensão das frases e no vocabulário utilizado. O mesmo se dá em relação à postura física. Adotar expressões corporais semelhantes de forma proposital costuma facilitar a comunicação.

9

AS MÁSCARAS UTILIZADAS NA MANIPULAÇÃO

Todos nós somos atores e assumimos alguns personagens/máscaras que nos são úteis em determinados momentos e acreditamos com isso que estamos sendo mais espertos, ou capazes, ou inteligentes do que nosso interlocutor, porém, estamos sendo tão comuns que os personagens que normalmente utilizamos já estão até catalogados.

O objetivo do uso desses personagens/máscaras é desequilibrar emocionalmente o outro, porque dessa forma ele se torna vulnerável e não consegue atingir seu potencial máximo em sua explanação ou argumentação. Visto que objetivos como desequilibrar, desestruturar ou desconcentrar o outro são artifícios negativos, então podemos concluir que a utilização das máscaras tem por finalidade a manipulação, pois eu prejudico o outro a fim de conseguir meu intento.

"Ninguém pode fazer você se sentir inferior sem o seu próprio consentimento".

Eleanor Roosevelt

Falaremos agora sobre esses personagens/máscaras mais utilizados por nós e pelos outros e de suas estratégias de manipulação.

O Amedrontador

Esse tipo de máscara é utilizado para dominar o ambiente ou as pessoas envolvidas, quem a utiliza fala em tom alto, é incisivo em suas afirmações, é visto como o sabe-tudo e se impõe de forma áspera e rude, causando constrangimento às outras pessoas. Parece estar brigando e não argumentando. Intimida com suas palavras e gestos. Agindo dessa forma ele acredita estar no controle da situação, e sua intenção é desestabilizar o outro para que a atenção se volte só para ele – esse é o objetivo da manipulação.

Esse tipo de máscara é geralmente utilizado por pessoas com poucos argumentos e com uma necessidade grande de ser o centro das atenções.

Para não se deixar influenciar por essa máscara use palavras amenas e fale em tom baixo, demonstre que você não está vulnerável, mostre com suas palavras e postura que ele não te atinge, mas faça isso de maneira doce e calma. Dessa forma ele ficará incomodado e perceberá que essa máscara não atingiu seus objetivos.

Estou me relacionando com um amedrontador?

- a pessoa causa constrangimento com seu tom de voz e palavras rudes?
- costuma intimidar os outros numa conversa?

- é muito incisivo em suas colocações, não dando brechas para outros pontos de vista?
- se exalta com facilidade?
- impõe seus pontos de vista e é irredutível? Note a diferença entre expor e impor.

BARULHO DE CARROÇA

Certa manhã, meu pai convidou-me a dar um passeio no bosque e eu aceitei com prazer.

Ele se deteve numa clareira e depois de um pequeno silêncio me perguntou:

– Além do cantar dos pássaros, você está ouvindo mais alguma coisa?

Apurei os ouvidos alguns segundos e respondi:

– Estou ouvindo um barulho de carroça.

– Isso mesmo, disse meu pai. É uma carroça vazia...

Perguntei ao meu pai:

– Como pode saber que a carroça está vazia, se ainda não a vimos?

– Ora, respondeu meu pai. É muito fácil saber que uma carroça está vazia, por causa do barulho. Quanto mais vazia a carroça maior é o barulho que faz.

Tornei-me adulto, e até hoje, quando vejo uma pessoa falando demais, inoportuna, interrompendo a conversa de todo mundo, tenho a impressão de ouvir a voz do meu pai dizendo:

Quanto mais vazia a carroça, mais barulho ela faz...

Autor Desconhecido

O Curioso

Essa máscara diz respeito às pessoas que sempre têm perguntas e mais perguntas a fazer, impedindo que o outro complete sua linha de raciocínio. Essas perguntas são feitas com o intuito de desconcertar o outro, para que ele se desequilibre em sua apresentação ou explanação e se perca no conteúdo do que tem a dizer. O intuito desse exagero de perguntas não é o entendimento e sim uma disputa de conhecimentos – esse é o objetivo da manipulação.

Esse tipo de máscara é utilizado por pessoas que almejam serem vistas como inteligentes e persuasivas. Elas acreditam que indagando insistentemente é a forma correta de testar o conhecimento do outro.

Para não se deixar influenciar por essa máscara é sugerido que mantenha a calma, valorize o interesse dele pelo assunto e peça gentilmente que ele espere você terminar sua linha de raciocínio para depois responder a todas as suas perguntas. Evidencie também que ninguém tem todas as respostas, e que você está sempre em constante aprendizado, e que ele pode contribuir com isso no momento certo.

Estou me relacionando com um curioso?

- ele passa a imagem de estar sempre testando as pessoas?
- em uma conversa ele não consegue se conter e interrompe o interlocutor para questioná-lo?
- se vangloria de sua inteligência e persuasão?
- costuma comentar os pontos fracos da argumentação dos outros?
- parece estar sempre competindo em termos de conhecimento?

O Indiferente

Essa máscara é utilizada pelas pessoas que são vistas como as que custam a dar suas opiniões e passam a imagem que não estão se importando com o assunto. Evitam emitir opiniões para não ter que " tomar partido". São também chamadas de "em cima do muro". São pessoas que visam a não desagradar e acreditam que discordar é o mesmo que desagradar. Elas buscam a aprovação e tem medo de serem mal interpretadas, por isso se omitem.

Quem se utiliza dessa máscara gera uma tensão na conversa pelo nítido desinteresse, os outros não conseguem captar sua receptividade e com isso se sentem falando com as paredes, e se desmotivam a continuar a conversa – esse é o objetivo da manipulação.

Para não se deixar influenciar por essa máscara é aconselhável que você esclareça, de início, que a opinião dele é importante e que não há certo ou errado, e sim opiniões divergentes. Deixe claro também que opiniões divergentes só enriquecem a comunicação, e como pontos de vista diferentes agregam conhecimento.

Estou me relacionando com um indiferente?

- a pessoa se abstém de opinar, mesmo quando tem conhecimento sobre o assunto?
- tem medo de ser mal interpretada, pois isso "mancharia" sua imagem perante os outros?
- busca a aprovação dos outros constantemente?
- é fechada e de pouca iniciativa para explanar um assunto?
- passa a imagem de ser insensível e desinteressado?

O Perseguido

Essa máscara é utilizada pelas pessoas que adoram falar de seus problemas e suas dificuldades. Acreditam que sofrem mais que os outros e tem como lema avisar isso às pessoas. São vistas como as vítimas do destino, pois veem problemas em todos os âmbitos da vida. Elas cultuam problemas como se quanto mais os tiverem, melhor. Vangloriam-se de seus problemas. Agindo dessa forma angariam a compaixão dos outros e se tornam o centro das atenções por necessitar de ajuda ou conselhos – esse é o objetivo da manipulação. Acreditamos que a qualidade de nossa alimentação é um dos fatores que determina a qualidade de nossa saúde física, da mesma forma a qualidade de nossos pensamentos determina a qualidade de nossa saúde emocional. Pessoas que focam em seus problemas e queixas cultivam uma saúde emocional de pouca qualidade. Pensamentos negativos cultivados na maior parte do dia gera um desgaste de energia ao corpo, então essas pessoas se encontram com pouca energia e precisam se reabastecer das energias dos outros. A convivência intensa e constante com pessoas que se utilizam dessa máscara é prejudicial à saúde, pois nos tornamos a fonte de energia delas, e com isso nosso reservatório pessoal de energia diminui. Quando nos vimos com pouca energia sentimos cansaço com facilidade, falta de vitalidade, irritação e até dores no corpo, em resumo, nos sentimos esgotada tanto física como emocionalmente.

É inútil acreditarmos que conseguimos mudar a forma de pensar e agir dos outros, e a tentativa disso pode ser desgastante e frustrante. Ninguém tem o poder de mudar o outro, só a si próprio.

O indicado a fazer é não se envolver emocionalmente nessas queixas e problemas e evite acreditar que você pode resolvê-los, seria uma luta inglória. O máximo que podemos fazer é indicar que há outras formas de pensar e agir, mas saiba que ela só se motivará a mudar se quiser e quando quiser.

Estou me relacionando com um perseguido?

- a pessoa está sempre inconsolável e lamentando a má sorte?
- depois de interagir com ela se sente esgotado?
- você procura se esquivar do convívio pelo excesso de lamentações?
- é carente de atenção na maior parte do tempo?
- você se sente compelido a encontrar soluções para os seus problemas?

O CRÍTICO

Quem se utiliza dessa máscara tem facilidade de encontrar defeitos em tudo e em todos, são aqueles que não conseguem enxergar os pontos positivos da vida, precisam encontrar defeitos para demonstrar aos outros sua superioridade – esse é o objetivo da manipulação. Na verdade, essa pretensa superioridade nada mais é do que inferioridade, pois precisam rebaixar os outros para que se sintam mais confortáveis. Quem se utiliza dessa máscara geralmente tem pouca autoestima e muita insegurança, ou seja, não consegue enxergar suas qualidades e é inseguro de suas capacidades. Com esse perfil fica mais fácil entender por que precisam criticar. Para não se deixar influenciar por essa máscara é aconselhável que redirecione a conversa para os pontos positivos, evite concordar com as afirmações críticas, pois isso só colocaria lenha na fogueira. Enfatizando os pontos positivos você pode contribuir para aumentar o campo de visão geral do crítico. Também pode ajudar se você valorizar suas qualidades e capacidades; lembre-se que essas são as maiores carências do crítico.

Estou me relacionando com um crítico?

- mesmo diante de um fato bom ele prefere enxergar os desprazeres?
- pensa mais no que falta em sua vida do que nas conquistas?
- desmerece pessoas, lugares e opiniões e custa a lhes dar créditos?
- sempre se acha inadequado/a pela visão dele?
- você se sente vencido pelos seus julgamentos?

A LÂMPADA APAGADA

Faltavam poucos dias para o Natal e Cristina precisava comprar algumas lembranças e precisava que seu marido estivesse junto, pois alguns eram para amigos e parentes do mesmo.

Marcaram de se encontrar em um restaurante no centro da cidade, para fazer as compras. Ela chegou primeiro e sentou em uma mesa onde podia apreciar a rua e os enfeites de Natal que iluminavam e embelezavam a rua.

Depois de alguns minutos chegou Carlos, com o semblante pesado, sentou e começou a reclamar das vendas de seu negócio que estavam abaixo do esperado, do tempo que estava muito quente e da quantidade de pessoas nas ruas que dificultavam a locomoção. Enquanto isso Cristina tinha fixado seu olhar em um grande painel iluminado do outro lado da rua que representava uma cena natalina, nesse instante Carlos pergunta: Você esta ouvindo o que eu estou falando? Claro querido e estava apreciando aquele luminoso. Ele prontamente olhou para trás, observou, virou-se e disse: Sim é bonito, mas tem uma lâmpada apagada.

As pessoas críticas tem muita dificuldade em perceber a beleza que nos cerca e costuma gerar um ambiente pesado e tenso à sua volta.

O Pegajoso

Essa máscara evidencia aqueles que não costumam usar o bom senso, e não tem a mínima noção do que significa espaço pessoal. Eles invadem propositalmente os espaços pessoais de outras pessoas, costumam falar muito próximo do outro e tocá-los (nos braços, nos ombros, nas mãos...) constantemente, mesmo quando não há uma convivência de longas datas que justifique essa postura. Fazem isso sem pudor, e acreditam que dessa forma se tornam mais "próximos" dos outros, não percebem que podem gerar constrangimentos com suas atitudes de falsa intimidade – esse é o objetivo da manipulação. Podem também se valer da sensualidade e sexualidade para chamar a atenção. Geralmente são pessoas carentes buscando a aceitação a qualquer custo. Para não se deixar influenciar por essa máscara é aconselhável que você, logo de início, sinalize o seu espaço pessoal (permanecendo a uma distância confortável dele) e mantenha-se protegido de suas "garras". Não se deixe envolver em suas armadilhas de conquista como a sensualidade ou sexualidade.

Estou me relacionando com um pegajoso?

- a pessoa costuma ser inconveniente com o excesso de aproximação?
- você se sente invadido em seu espaço pessoal?
- ela tem necessidade de demonstrar aos outros o quão é querida?
- ela tem uma exagerada necessidade de aceitação?
- ela costuma tocar os outros com frequência para chamar-lhes a atenção?

O Egocêntrico

Quem se utiliza dessa máscara tem uma visão fortemente voltada a si própria, depois vem os meros mortais. Possuem um enorme senso de autoimportância e acreditam ser motivo de grande admiração. Acreditam que suas necessidades e desejos são mais importantes que as dos outros, e se veem realmente como melhores. Num diálogo costumam narrar sua trajetória de vida e monopolizam o assunto sobre si mesmo numa interminável narração sobre seus feitos, suas conquistas, seus desejos, seus pontos de vista, ou seja, o assunto gira em torno de si mesmo, sem espaço para mais ninguém – esse é o objetivo da manipulação. Seu ego tem uma grande necessidade de ser massageado e quando percebem algum tipo de oposição, se voltam contra a pessoa, pois se sentem ameaçados em sua necessidade de receber admiração. Para não se deixar influenciar por essa máscara encontramos duas alternativas: ou se afastar ou viver em torno dele como um satélite, se isso não te incomodar.

Estou me relacionando com um egocêntrico?

- a pessoa age como se a vida girasse em torno dele?
- você precisa massagear seu ego constantemente para que ele lhe dê atenção?
- quando você não concorda com suas colocações ele se fecha ou mostra sua indignação veementemente?
- numa conversa o assunto sempre acaba sendo sobre ele?
- você sente que seus sentimentos e opiniões são subestimados?

Conforme citamos no início do capítulo essas máscaras são utilizadas para desequilibrar, desestruturar ou desconcentrar o outro. Elas podem ser usadas de forma consciente (sei que estou fazendo isso), ou de forma inconsciente (faço sem perceber). Quando nos utilizamos de uma ou mais máscaras de forma inconsciente provavelmente foi por que em algum momento de nossa infância "aprendemos" que dessa forma deu certo, então passei a me utilizar desse artifício automaticamente, sem perceber. Quem as utiliza visa a atrair a atenção para si próprio, e também para fazer com que o outro se perca em sua linha de raciocínio ou interrompa seu fluxo de ideias, gerando uma "brecha" para ele entrar em evidência, manipulam situações e pessoas, a fim de conseguir seu intento.

Foi propositalmente que descrevemos as máscaras de forma exagerada, para que você as reconheça com maior facilidade. Mas lembre-se que elas podem ser utilizadas de formas sutis. Cabe a você desenvolver uma percepção criteriosa e aguçar sua atenção para identificar as máscaras em você e nos outros, e com as sugestões descritas, neutralizar os efeitos da manipulação. Precisamos lembrar ainda que, embora todos nós utilizemos as máscaras e sempre temos a que mais nos adaptamos, podemos também utilizar outras máscaras em função do ambiente ou pessoas que estejam conosco.

VIVER COMO AS FLORES

Mestre, como faço para não me aborrecer? Algumas pessoas falam demais, outras são ignorantes.

Algumas são indiferentes.

Sinto ódio das que são mentirosas.

Sofro com as que caluniam.

Pois viva como as flores, advertiu o mestre.

Como é viver como as flores? Perguntou o discípulo.

Repare nestas flores, continuou o mestre, apontando lírios que cresciam no jardim. Elas nascem no esterco, entretanto, são puras e perfumadas. Extraem do adubo malcheiroso tudo que lhes é útil e saudável, mas não permitem que o azedume da terra manche o frescor de suas pétalas. É justo angustiar-se com as próprias culpas, mas não é sábio permitir que os vícios dos outros o importunem. Os defeitos deles são deles e não seus. Se não são seus, não há razão para aborrecimento. Exercite, pois, a virtude de rejeitar todo mal que vem de fora.

Isso é viver como as flores.

10

A POLÊMICA DO "NÃO"

A primeira vez que tivemos a informação de que uma criança escuta em sua infância dos 0 aos 7 anos uma média de 50.000 nãos e que em função disso nos tornamos mais medrosos e cuidadosos do que corajosos e audaciosos; temos vontade de nunca mais dizer não aos nossos filhos e principalmente que ninguém nos diga.

Sabemos através de estudos da psicologia que nosso cérebro tem dificuldade de processar a palavra "não" quando ela inicia uma frase ou ideia.

Vamos entender essa afirmação.

Vou pedir para que o leitor se concentre, pois vou fazer a solicitação de ele pensar em algo. Você está pronto?

Vamos lá: Pense em um E.T.!

Acredito que todos conseguiram visualizar mentalmente uma figura que represente em E.T., muitos talvez tenham lembrado do filme do Spielberg.

Veja que mesmo a grande e enorme maioria de todos nós nunca termos visto em E.T., nosso cérebro nos trouxe uma figura para visualizar.

Agora vou pedir de novo que o leitor se concentre, pois vou fazer outra solicitação.

Você está pronto?

Vamos lá: Não pense em uma baleia branca!

Se algum de vocês conseguiu não pensar por favor escreva para a editora, pois queremos conhecê-lo e estudá-lo. Sua capacidade de processar uma informação é muito rápida, mas se você é normal seu cérebro ignorou a palavra não e você se deliciou com uma linda baleia branca nos mares azuis.

Dessa forma fica mais fácil entender que quando ordenamos a alguém "não faça isso", provavelmente vamos nos decepcionar, pois ele irá fazer.

Você deve estar refletindo que várias vezes viu crianças parecerem mal educadas quando escutam os pais dizerem "não sobe aí", e como se fosse uma ordem a criança subiu rapidamente.

Acreditamos que se os pais tivessem dito: fique onde está, pois se subir aí poderá cair, a criança não teria subido.

Em função disso ouvimos muitos educadores proibindo o uso da palavra Não, inclusive querendo mudar hábitos de linguagem como, por exemplo, diga: "Pois sim" em vez de "Pois não" e mais uma infinidade de proibições do "Não".

Hoje em dia escutamos muitas pessoas frustradas porque estão vivendo uma vida que não lhe satisfaz, simplesmente porque não conseguem dizer "Não".

Precisamos nos conscientizar que nossa individualidade é sagrada e que o nosso ser necessita contribuir com o mundo a sua volta, mas que só conseguimos dar aos outros o que está transbordando ou sobrando em nós. Para esclarecer nós podemos pensar muito bem sobre nós mesmos, mas só seremos julgados pelos nossos comportamentos, e estes sempre serão consequência do que está em nosso ser.

Ao me negar em dizer "não" a alguém ou à alguma situação, na esperança de ser aceito ou admirado ou mesmo apenas suportado, estaremos gerando um sentimento negativo em relação a quem somos e ao que merecemos, e com isso o que vai transbordar é frustração, ou revolta, ou medo, sempre algo negativo.

Aprenda a dizer "não", este livro contém muitas formas de você se comunicar, mas todas elas têm por objetivo que você respeite a si mesmo todo dia. Lembre-se que somos frutos de uma grande corrida e com um só vencedor na maior parte das vezes, e que, portanto, geneticamente somos competitivos, em maior ou menor grau, e podemos verificar essa verdade até mesmo entre irmãos, pais e filhos, esposo e esposa, do mais rico ao mais pobre, do mais culto ao menos instruído.

O mais justo para todos é que educadamente saibamos estabelecer nossa individualidade e assim poderemos respeitar, honrar e defender a individualidade dos outros.

Todos devemos procurar ser amados pelo que somos e não pelo que os outros gostariam que fôssemos. Dessa forma respeitamos nossa essência e seremos respeitados por isso.

SOBRE A CORAGEM DE EXPERIMENTAR

Um rei submeteu sua corte à prova para preencher um cargo importante. Um grande número de homens poderosos e sábios reuniu-se ao redor do monarca.

"Ó vós, sábios", disse o rei, "eu tenho um problema e quero ver qual de vós tem condições de resolvê-lo".

Ele conduziu os homens a uma porta enorme, maior do que qualquer outra por eles já vista.

O rei esclareceu: – Aqui vedes a maior e mais pesada porta de meu reino. Quem dentre vós pode abri-la?

Alguns dos cortesãos simplesmente balançaram a cabeça. Outros, contados entre os sábios, olharam a porta mais de perto, mas reconheceram não ter capacidade de fazê-lo.

Tendo escutado o parecer dos sábios, o restante da corte concordou que o problema era difícil demais para ser resolvido. Somente um único vizir aproximou-se da porta.

Ele examinou-a com os olhos e os dedos, tentou movê-la de muitas maneiras e, finalmente, puxou-a com força. E a porta abriu-se.

Ela tinha estado apenas encostada, não completamente fechada, e as únicas coisas necessárias para abri-la eram a disposição de reconhecer tal fato e a coragem de agir com audácia.

O rei disse: – Tu receberás a posição na corte, pois não confias apenas naquilo que vês ou ouves; tu colocas em ação tuas próprias faculdades e arriscas experimentar.

Extraído de
O Mercador e o Papagaio

Há pessoas que já conhecem a importância da palavra "Não" e a utilizam com frequência e sem hesitação quando há a necessidade de expressar seus limites ou quando a situação exige. Outras se sentem mal, culpadas, ou até mesmo negligentes quando "são obrigadas" a negar algo a alguém. Gostaríamos de salientar que qualquer novo comportamento só poderá ser avaliado como melhor ou pior se for praticado, experimentado. Propomos que experimente novas formas de agir para só depois avaliar seus resultados.

11

COMUNICAÇÃO VIRTUAL

Consideramos comunicação virtual qualquer meio de se comunicar em que não há a presença física de ambas as partes. São incontestáveis os benefícios desse tipo de comunicação como a rapidez na transmissão das mensagens, a praticidade de manter contatos com pessoas do outro lado do mundo, ou até mesmo com amizades ou familiares que foram distanciados pela vida. Sem contar no fácil acesso a informações e conhecimentos. Hoje seria impossível conceber nossa vida sem o uso dessa tecnologia virtual.

Podemos vivenciar o desenvolvimento tecnológico nos oferecendo produtos inovadores a todo o momento, e com isso aumenta a cada dia a facilidade e rapidez que conseguimos conversar e informar aos outros o que se passa em nossa vida. A primeira vista podemos acreditar que toda essa tecnologia tem aproximado as pessoas e gerado maior igualdade entre elas, dissolvendo desavenças e principalmente eliminando preconceitos; porém observamos como as pessoas estão se distanciando umas das outras, diminuindo o contato pessoal.

Como todo processo evolutivo há sempre as vantagens e as desvantagens na utilização das inovações. Citamos apenas algumas vantagens e temos a certeza que você pode enumerar uma infinidade de outras vantagens que nos fogem à mente no momento.

Como esse livro tem o intuito de abordar várias ferramentas sobre como se comunicar de forma eficaz, não podíamos deixar de relatar esse novo tipo de comunicação, tão presente no nosso dia a dia.

Queremos alertar sobre alguns pontos, que sob nossa visão podem ser úteis para esclarecer as desvantagens da comunicação virtual quando essa se contrapõe as habilidades interativas interpessoais.

Hoje nossa atenção está mais voltada em como usar o mais novo e mais potente computador ou em adquirir o mais recente lançamento de celular para nos comunicar com pessoas distantes, do que como falar olho no olho com as pessoas que estão ao nosso lado, ou seja, é mais interessante me comunicar com quem não conheço do que com quem convivo.

A comunicação virtual restringe nossa capacidade de análise interpessoal, pois só podemos contar com a menor parcela das informações, que são as palavras. Ignoramos com isso a maior parte da informação, que são as expressões corporais e os tons de voz. Nossos recursos de análise se tornam subutilizados, pois nos faltam informações importantes de avaliação.

Numa comunicação interpessoal desenvolvemos habilidades de análise e encontramos formas de nos adaptar a diferentes tipos de pessoas e comunicações, o que não pode ser feito numa comunicação virtual por falta de recursos.

Quando há sentimentos envolvidos nesse tipo de comunicação então o cenário fica pior, pois geralmente não conseguimos transmitir sentimentos com palavras, e sim com comportamentos e expressões.

O computador, o celular, ou qualquer meio em que acontece a comunicação virtual pode ser uma forma de satisfazermos nossas carências afetivas, de amizades, de palavras de conforto, enfim, suprir necessidades internas, e não há nada de errado nisso, mas devemos estar cientes que com esse tipo de comunicação a maior parte das informações sobre a outra pessoa e o que ela sente na realidade passa despercebida, por falta de ferramentas de análise.

Já é difícil conhecer alguém com quem convivemos diariamente, pois somos complexos, o que dirá então da intenção de conhecer alguém profundamente de forma virtual? O problema reside não na interação virtual, mas na expectativa equivocada de conhecimento. Essa expectativa pode levar a frustrações e decepções, e é por isso que alertamos.

Ex: Uma pessoa se mostra, pelo computador, extremamente atenciosa ou cordial. Não estando frente a frente para constatar se essas qualidades são verdadeiras ou não, nos iludimos constantemente, e após a desilusão vem a frustração. Os sentimentos devem ser mostrados e sentidos, esses meios de comunicação nos tiram a percepção, não temos como avaliar por nossos olhos e sentidos se algo é verdadeiro ou não.

Outro fator que a nosso ver pode ser importante é o afastamento da realidade sendo a causa do atrofiamento das habilidades interativas. Quando esse tipo de comunicação se torna o principal em nossas vidas, perdemos o contato real com as pessoas, sendo assim deixamos de observar, intuir, avaliar e perceber realmente o que se passa com elas, nossas habilidades se tornam atrofiadas por falta de uso.

Todos têm vivenciado situações onde pessoas na mesma casa trocam "torpedos" ao invés de simplesmente: FALAR.

Uma cena corriqueira de hoje – quatro amigos saindo para descontrair e de repente estão os quatro falando ao celular sem conversar entre eles.

Só interagindo realmente conseguimos a perspicácia necessária para corresponder às pessoas. O contato pessoal em termos de habilidade de comunicação é muito importante para ser substituído por letras.

Digamos que temos um "identificador interno de incongruências", ele funciona da seguinte forma – estamos conversando pessoalmente com alguém, recebemos uma mensagem e automaticamente percebemos a congruência entre a mensagem recebida e a pessoa que a transmitiu. Fazemos isso avaliando na pessoa alguns traços como se o tipo de emoção que ela sentiu ao falar corresponde à mensagem dita – se suas expressões faciais e corporais indicam a veracidade da mensagem ou não. Esse "identificador interno de incongruências" nos sinaliza se podemos acreditar ou não na mensagem ou no mensageiro. Isso acontece sem que percebamos conscientemente, acontece de forma automática. Um exemplo disso é quando conversamos com alguém e saímos com a impressão que algo não se encaixava, e não sabemos explicar, mas sentimos internamente que não podemos acreditar no que foi dito. Esse é um exemplo de incongruência entre a mensagem e o mensageiro. Numa comunicação virtual nosso "identificador de incongruências" fica desativado.

A tecnologia em si é um meio de facilitar nossas vidas, e facilita mesmo, o problema é quando criamos expectativas irreais com o seu uso, por exemplo, quando acreditamos ser possível conhecer alguém profundamente só se baseando na comunicação virtual.

A tecnologia deveria ser uma forma de ajudar as pessoas, é para isso que ela serve, mas infelizmente o mau uso da tecnologia pode provocar muitos problemas, dificultando ao invés de ajudar. Mas o problema não é da tecnologia, mas sim do seu mau uso. Precisamos lembrar que toda tecnologia foi inicialmente desenvolvida para facilitar a vida do ser humano, mas quem decide o uso é o próprio ser humano. Veja o caso do machado que foi criado para cortar árvores para aquecer o ser humano, ou para fazer utensílios, casas, barcos e outros, mas alguém pode usá-lo para CORTAR CABEÇAS, o machado não tem responsabilidade sobre esse uso, somente a pessoa.

A TECNOLOGIA COMO FORMA DE CONTROLE

O "controle" sobre outras pessoas está sendo visto quase como uma patologia nos dias atuais. A ideia de que temos o direito de controlar as pessoas é um comportamento destrutivo tanto para quem controla como para quem é controlado.

Quem controla pode estar passando por problemas como: baixa autoestima, falta de segurança, falta de autoconfiança e medos diversos.

Quem é controlado por outro lado se sente sempre com medo de "errar", pela visão do outro. Esse medo faz com que a pessoa cada vez mais se prive de coisas que podem causar algum tipo de estresse. Só que esse excesso de privação com o tempo pode extravasar e as consequências são imprevisíveis.

Um casal, por falta de confiança ou segurança, age por impulso, ligando exageradamente para o parceiro, pois o aparelho é de fácil acesso. Esse comportamento impede que as pessoas tenham autocontrole, pois se o mesmo acontecesse há algum tempo atrás, a pessoa esperaria o outro chegar a casa para conversar e perguntar pelo seu dia. Esse era um momento gostoso onde compartilhavam informações, hoje com o celular isso não faz mais sentido. Também em consequência disso o dever profissional de se dedicar e dar atenção aos seus afazeres ficou em segundo plano, pois saber o que o companheiro está fazendo, onde e com quem está se tornou primordial.

O uso do computador e do celular com o intuito de vigiar, controlar ou causar ciúme está deixando as pessoas propensas a extrapolarem seus sentimentos de desconfiança, insegurança e baixa autoestima, levando-as ao descontrole emocional. Sem o uso desses instrumentos as pessoas demonstravam mais autocontrole, se conversava mais, e consequentemente o sentimento de confiança entre o casal era maior.

A tecnologia pode ajudar os casais em termos de aproximação quando utilizada de forma positiva e não com intuitos obscuros.

EVITE QUE O MAU USO DA TECNOLOGIA ATRAPALHE RELAÇÕES AMOROSAS

- Tenha em mente que o contato físico é fundamental para se estabelecer vínculos amorosos;
- Não se deixe iludir por frases bonitas, evite com isso a frustração;
- Se o impulso de telefonar for por motivos como: insegurança, desconfiança, ou só para vigiar e manter o controle sobre a outra pessoa, resista, lembre que se alguém não está

satisfeito com o relacionamento não é essa postura sua que vai melhorar as coisas. Vale mais uma boa conversa;

- Faça da tecnologia uma aliada, não se escravize por ela.

CONTATO PESSOAL X CONTATO VIRTUAL

Os jovens de hoje apresentam comportamentos individualistas. São criados de forma a se virarem sozinhos; seus pais geralmente trabalham e o tempo de relacionamento entre eles é curto. Há algum tempo atrás eram criados com a família por perto e desenvolviam com isso uma maior habilidade de "compartilhar" sua vida. Por um lado esse comportamento individualista de hoje é produtivo – quando se trata de formar pessoas com iniciativa e independência, características valorizadas no campo de trabalho. Por outro lado, quando se trata de desenvolver relacionamentos pode ser mais difícil, pois não praticaram o "compartilhar".

O compartilhar inclui falar de sua vida, seus sentimentos, seus aborrecimentos, seus medos, enfim, divagar sobre os diversos âmbitos da vida. Como a maioria dos jovens de hoje tem a comunicação virtual como seu principal meio de contato, se tornam naturalmente mais fechados, pois estão deixando de praticar habilidades interpessoais, preferindo uma comunicação impessoal, rápida e direta, desprovida de sentimentos, e essas características são bem diferentes das necessárias numa comunicação pessoal, cara a cara.

Os jovens de hoje não sabem como "se abrir" ou falar de seus sentimentos, não sabem se mostrar realmente como são, pois treinam dia após dia a comunicação virtual e não a pessoal.

O ideal seria que os jovens encontrassem o meio termo, se utilizar sim da tecnologia, mas não perder a habilidade no trato com as pessoas. Há pesquisas que apontam as preferências das grandes empresas na contratação de funcionários, e uma delas é a habilidade interpessoal desenvolvida.

QUANDO O MUNDO VIRTUAL SE TORNA UM VÍCIO

Como qualquer tipo de vício a internet pode ser uma forma da pessoa se isolar do mundo real e do convívio social, preferindo o mundo dos contatos virtuais. Com isso se esconde atrás da tela e mostra só o que quer aos outros. Devemos lembrar que pessoas mais introvertidas e solitárias têm mais chances de cair no vício da internet, elas já têm dentro de si uma pré-disposição para evitar os contatos pessoais e as avaliações dos outros. Dessa forma o mundo virtual se torna mais atraente que o mundo real.

O uso prolongado e contínuo da internet pode não só afastar as pessoas do mundo real como atrapalhar o rendimento escolar ou profissional e causar danos físicos e psicológicos. E pode também atrofiar comportamentos tão requisitados hoje em dia como a habilidade de exposição, a habilidade de conversação e a inteligência emocional- que consiste em saber lidar consigo próprio e com as pessoas com empatia. Essas habilidades no campo profissional superam as exigências de conhecimento, de acordo com pesquisas no ramo empresarial. As empresas preferem pessoais hábeis em se relacionar.

O corpo também sofre com esse vício. Os músculos ficam subutilizados pelo excesso de tempo sem movimento, e o sedentarismo pode causar dores nas costas, pernas ou coluna e dores de cabeça, pela visão concentrada em um só ponto por muito tempo. O sedentarismo também pode causar excesso de peso e problemas coronários ou de circulação. O cansaço mental pode gerar insônia ou sono perturbado.

Quando a pessoa se vê impossibilitada de se relacionar por estar longe de um computador cresce dentro dela o sentimento de solidão e impotência, pois para ela essa forma virtual é a única a que está acostumada. As capacidades de criar e manter um relacionamento na vida real estão atrofiadas. É neste ponto que a pessoa deve olhar para dentro de si e perceber que precisa de ajuda profissional, pois o mundo virtual não é um substituto do mundo real.

Os viciados podem perder a noção de tempo e chegam a esquecer de comer e dormir. Esse vício é como qualquer outro, a pessoa pode ficar tão envolvida em sua atividade que esquece realmente dos cuidados com sua saúde, como a alimentação, o sono e a higiene. Ela prioriza o que dá mais prazer naquele momento e se esquece dela mesma.

Com o passar do tempo esse vício provoca ainda mais problemas como dificuldade de colocação profissional, insensibilidade ou frieza emocional e aumenta a dificuldade em se criar relacionamentos reais. Os viciados vão se assemelhando as máquinas, e não a seres vivos que estão aqui para compartilhar suas vidas no mundo real.

O impacto desse vício é igual tanto para os adultos como para as crianças ou adolescentes. Os pais que estão nessa situação devem colocar limites em seus filhos, estipulando o tempo que passarão na internet e dando oportunidades para que convivam no mundo real, como a prática de esportes, ou de algum hobby. Lembre-se que a função principal dos pais é educar, e não a de satisfazer todas as vontades dos filhos.

Uma vida equilibrada significa encontrar o meio termo das coisas. Tudo que está tanto na escassez como no excesso deve ser cuidado. Esse vício é como qualquer outro e merece a atenção devida, pois os prejuízos são muitos, tanto para a vida pessoal como para a profissional, sem contar nas aflições geradas nos familiares que convivem com essa situação.

Principais características de um viciado em internet

- Pessoas introvertidas,
- Solitárias,
- Com medo de se relacionar e se decepcionar,
- Com necessidade de aceitação, pois o outro só está enxergando o que ela deixa,
- Com dificuldades de expressar emoções,
- Sedentário ou comodista,
- Com dificuldades de convívio social, seja por medo, por vergonha, por timidez, ou por receio de ser avaliado.

Frisamos nesse capítulo as desvantagens da comunicação por levar em conta que as inúmeras vantagens já fazem parte de nosso dia a dia e as conhecemos com profundidade.

Nosso alerta está em evidenciar que exageros são prejudiciais e devem ser encarados de frente. Atendo pacientes que passam por essa problemática (vício) e percebo suas angústias e as de seus familiares. Todo e qualquer vício não deve ser menosprezado, pois por si só são difíceis de desaparecer, exigem ações e vontade por parte dos envolvidos para que isso não atrapalhe a saúde, relacionamentos, carreiras e contatos em geral.

Apreciamos a mundo real e percebemos como muitos estão se distanciando da realidade e preferindo a mundo virtual. Os dois mundos citados são repletos de pontos positivos e negativos e a graça de viver está em saber valorizar os pontos positivos de cada um e ter sabedoria para minimizar os negativos.

O Anúncio

Nasrudin postou-se na praça do mercado e dirigiu-se à multidão: – Ó povo deste lugar! Querem conhecimento sem dificuldade, verdade sem falsidade, realização sem esforço, progresso sem sacrifício?

Logo juntou-se um grande número de pessoas, com todo mundo gritando: – Queremos, queremos!

– "Excelente! – disse o Mullá – Era só para saber. Podem confiar em mim, que lhes contarei tudo a respeito, caso algum dia descubram algo assim.

Do livro:

Histórias de Nasrudin

12

CUIDADO COM SEUS CONHECIMENTOS!

Escutamos e interpretamos as mensagens que nos chegam através de nossos filtros que são os valores, crenças, estados de espírito, sentimentos passageiros ou duradouros, julgamentos pré-concebidos, ou até mesmo por simpatia ou antipatia. Sendo assim, é mais do que normal escutar o que "imaginamos ser verdade" e haver erros de interpretação. Procuramos, ao longo do livro, transmitir ferramentas para que você se aprimore na arte da comunicação e com isso aumente sua inteligência emocional – que é saber lidar consigo próprio e com os outros com habilidade. Por assim dizer pode imaginar que isso é fácil, mas se pensar com profundidade verá que essa tarefa exige observação, analise, empatia e muito conhecimento para se colocar em prática. Saber se comunicar é uma coisa, desde que aprendemos a falar esse conhecimento já é uma capacidade adquirida, mas saber se comunicar com maestria é muito mais que isso. Exige conhecimento e prática constantes e um profundo desejo de entender o outro pela visão dele, o que é uma demonstração sublime de respeito ao próximo.

O conhecimento se baseia em ferramentas práticas e foi isso que transmitimos a você, ou pelo menos um pouco disso. Mesmo assim esperamos que você aproveite seu conhecimento tanto em benefício próprio como também para ajudar quem está passando por dificuldades geradas por inabilidade de comunicação e ainda não encontrou ferramentas que o auxilie.

Nesse último capítulo abordaremos situações profissionais, familiares, amorosas e pessoais onde as técnicas descritas no livro podem ajudar ou até mesmo atrapalhar, por isso consideramos essencial que você avalie essas situações com cuidado, e tire suas próprias conclusões. Já presenciamos situações em que algumas ferramentas citadas no livro foram utilizadas em contextos inadequados e isso gerou complicações, ao invés de contribuir, atrapalhou, e precisamos nos precaver disso.

Conforme falamos anteriormente o uso das técnicas/ferramentas que descrevemos deve ser realizado com sutileza e elegância, pois qualquer demonstração exagerada de sua parte pode ser interpretada com rejeição.

Cada pessoa é única e o que serve para um não necessariamente será o indicado para o outro, por isso contamos com sua capacidade de analisar cada situação e pessoas envolvidas, para só depois escolher o conhecimento que mais se adéqua.

Vamos relembrar as técnicas abordadas

- Acordo Condicional
- Rapport
- Feedback
- Crenças
- Valores
- Metaprograma de Linguagem

- Metamodelo de Linguagem
- Conhecimento do VAC (Visual, Auditivo, Sinestésico)
- Movimento Provável dos Olhos
- Mensagens do Corpo
- Identificação das Máscaras de Manipulação
- A Utilização do NÃO

Vamos relatar algumas situações DESASTROSAS OU CÔMICAS profissionais, pessoais, familiares ou amorosas. Aproveite para se divertir, mas, por favor, grave esses erros para evitar os prejuízos!!!

SITUAÇÕES DESASTROSAS OU CÔMICAS NA UTILIZAÇÃO DOS CONHECIMENTOS

Um instrutor de treinamentos empresariais de uma grande organização conversando com sua superior

O objetivo dele era aumentar o número de treinamentos que ministrava e para isso precisava convencer sua superior. Ela estava em sua sala, ele bateu à porta e ela foi recebê-lo e pediu para que se sentasse. Ele começou a conversa perguntando de assuntos em comum – até aqui está tudo certo, ele iniciou uma aproximação amistosa e interessante a ambos. Quando entrou no assunto objetivo – que era solicitar um aumento do número de treinamentos, ele procurou em seu repertório de conhecimentos algo que indicasse que estavam em sintonia e desastrosamente passou a língua sobre os lábios, logo após ela ter feito o mesmo. Ela fez esse gesto porque estava frio e seus lábios estavam ressecados. Ela interpretou o gesto dele como uma "cantada de muito mau gosto", pois entre eles só havia um relacionamento estritamente profissional e baseado no respeito, nunca houve motivos que justificasse tal atitude por parte dele. Após esse gesto dele ela ficou constrangida e não via a hora de finalizar sua conversa, nem prestou mais atenção ao que ele falava, simulou um compromisso de última hora e se despediu. Eu nem preciso falar que ele não só não conseguiu mais treinamentos, como também a partir dessa conversa ela o evitava.

Um operador de telemarketing em seu primeiro dia de trabalho

O operador era um homem franzino, de fala mansa, andar lento, o tipo calmo que nunca se exalta. E foi contratado por uma empresa de telemarketing que vendia produtos de beleza.

Em seu primeiro dia ele achou que deveria conversar com seu chefe, pois queria agradecer a oportunidade do emprego. Antes disso ele buscou informações com outros funcionários para se informar sobre como era o chefe. A grande maioria o descreveu como sendo um homem grande, seguro de suas posições, de gestos firmes e postura autoritária, pois sua voz era bem alta e imponente. Ao entrar na sala do chefe fez uma infeliz escolha de espelhar seu tom de voz para demonstrar que eram parecidos e buscar com isso sua simpatia. Quando começou a falar seu rosto imediatamente ficou completamente vermelho pelo esforço que fazia, sua voz ficou estridente e falhava, e ele suava em bicas, pois tudo que escolheu fazer era muito desgastante e antinatural para ele, seu esforço era imenso. O chefe observando tudo aquilo ficou sem saber como agir e logo encerrou o encontro. Decidiu falar com a RH que o contratara e avisar que aquele funcionário era desequilibrado e a função exigia alguém ponderado de fala mansa.

A primeira consulta terapêutica

Uma mulher de uns 40 anos entrou na sala de uma terapeuta pela primeira vez. Ela era agitada e ansiosa e tinha dificuldades para aquietar seus gestos, estava sempre movimentando alguma parte do corpo. A terapeuta pediu que se sentasse na poltrona e sentou de frente a ela. A mulher começou rapidamente a relatar sua vida e o que a incomodava, gesticulando e se mexendo na poltrona o tempo todo. A terapeuta percebeu que seria um caso difícil e decidiu usar seu conhecimento para criar uma maior empatia entre as duas, visto que eram pessoas bem diferentes e isso poderia atrapalhar nesse primeiro contato.

Resolveu imitar os gestos das pernas da paciente, mas fez isso quase que simultaneamente a ela. Ela cruzava as pernas, a terapeuta imediatamente fazia o mesmo, ela descruzava e a terapeuta também, ela esticava e a terapeuta também. A mulher percebeu essa imitação grotesca logo no segundo movimento e começou a se alterar cada vez mais, até que não aguentou, se levantou e com o dedo em riste perguntou o que significava aquilo, que imitação era aquela, que apostava que ela não prestou atenção em nada que falava, e que não iria fazer papel de boba. Foi embora esbravejando e irada com a terapeuta.

Dois economistas numa universidade

Dois economistas respeitados foram chamados pela universidade para debaterem um tema perante 300 alunos num auditório.

O auditório estava lotado e o sistema de som era muito bom, inclusive com microfones em posições estratégicas para garantir que os alunos não perdessem nada do que se passava entre os dois economistas.

O dois, por incrível que pareça entre economistas, concordavam com o tema, e a conversa fluiu de forma muito prazerosa e rica de conhecimentos, um completava o outro em seus pontos de vista, e todos estavam ganhando nesse panorama. Os dois e os alunos se mostravam relaxados e descontraídos, o ambiente era propício ao entendimento, já havia uma empatia no ar entre todos. Num determinado momento um dos economistas começou a bater as pontas dos dedos numa mesinha que ficava entre eles enquanto falava, num determinado ritmo. O outro economista estava com as pernas cruzadas e no mesmo ritmo, e de forma natural, começou bater a ponta do pé na perna que estava apoiada no chão. Após um determinado tempo os alunos perceberam o ritmo do som que os dois produziam, um com as pontas dos dedos e o outro com a ponta do pé, e começaram como que em coro a falar TUM TUM, TUM TUM... os dois olharam para os alunos e começaram a rir, pois só nesse ponto entenderam que eles estavam reproduzindo o barulho que escutavam. Até então nem perceberam seus movimentos e muito menos o som que produziam.

Todos riram da situação. Esse é um exemplo de espelhamento gerado automaticamente e sem intenção quando duas pessoas estão empáticas. Foi a empatia natural entre os dois economistas que gerou o espelhamento espontâneo. Nesse caso a empatia chegou ao nível inconsciente naturalmente e o espelhamento entre os dois também se deu de forma inconsciente (não perceberam o que faziam).

A paquera na praia

Era um dia ensolarado e a praia estava cheia. Um rapaz do tipo surfista estava à procura de um relacionamento amoroso e começou a andar pela praia para ver se alguém lhe chamava a atenção. Após algum tempo percebeu uma moça linda que lhe pareceu bem simpática, pois todas as vezes que seus olhares se cruzavam ela piscava para ele e ele retribuía.

Ele não teve dúvidas que chegaria nela para conversar, e começou a pensar em como seria sua aproximação. Tomou coragem e lá foi ele. Ela estava debaixo de um guarda-sol e ele, todo confiante com as "indicações" dela foi logo se sentando ao seu lado e puxou conversa. Durante a conversa ele percebeu que as piscadas continuaram e começou a ficar sem jeito, sem entender a situação. Ela, muito calmamente perguntou se ele gostara de seu tique, pois ela jamais teve a intenção de cortejá-lo, e completou: meu tique eu não posso evitar, mas você eu posso, inclusive estou à espera de meu namorado.

Esse foi um caso em que ele não agiu propositalmente usando o conhecimento do Rapport, mas o fez de forma natural para retribuir a piscada dela, que ele erroneamente acreditou ser um sinal de cortejamento. Mas isso poderia acontecer também com alguém que tenha o conhecimento do Rapport e quisesse gerar uma aproximação empática. Então muito cuidado para identificar a diferença entre tiques e comportamentos repetitivos.

Um corretor de imóveis e seu cliente

Estava em sua sala um corretor de imóveis quando chegou um cliente na recepção. Este foi atendê-lo de forma solicita e o convidou a entrar. O cliente era uma pessoa expansiva, gostava de falar e foi logo dizendo que no trajeto de sua casa até a imobiliária escutava Chet Baker, e fez vários elogios a esse cantor de jazz americano.

O corretor participou de um treinamento de dois dias sobre a identificação do VAC (visual, auditivo, sinestésico) na semana anterior a esse atendimento, o conhecimento ainda estava fresco em sua memória.

Assim que percebeu que o cliente chegou falando de Chet Baker e como sua música despertava seu interesse, logo concluiu que se tratava de uma pessoa com o canal preferencial auditivo. O cliente falou que procurava uma casa num condomínio fechado e perguntou das opções que o corretor tinha para oferecer. O corretor, de forma prudente, foi verificar a quantidade de pessoas na família, seus hobbies, onde moravam atualmente, que região da cidade preferiam... – agiu de forma a se interessar pela pessoa e suas necessidades para só depois demonstrar as opções – nessa parte agiu de forma correta. Quando já possuía todas as informações que necessitava sobre o cliente passou a descrever uma casa que pudesse lhe interessar. Descreveu a casa se utilizando de sua premissa de se tratar de uma pessoa preferencialmente auditiva, e realçou o silêncio do condomínio, o som dos pássaros, as normas que proibiam barulho após às 22h00, os horários pré-estabelecidos para a entrada e saída de funcionários para não incomodar os condôminos, enfim, ficou totalmente canalizado a demonstrar as vantagens auditivas do lugar. Nesse momento o cliente ficou olhando o corretor com uma expressão de que não estava entendendo nada, pois nem sabia como era a casa até esse momento, todas as informações dadas não lhe diziam nada de importante para o seu modo de avaliar uma casa. Nesse momento perdeu o entusiasmo pela conversa. Começou a questionar sobre o tamanho da casa, número de quartos, estado interno da construção, tamanho do terreno.... e mesmo assim o corretor continuava acreditando em sua premissa que o cliente preferia o canal auditivo, e respondia as perguntas se focando nos sons. O cliente foi se irritando, pois a conversa dessa forma não lhe interessava, ele não conseguia criar internamente uma imagem da casa em questão, após pouco tempo falou que traria a esposa numa próxima vez para ver se ela se interessava por essa casa, e foi embora.

Nesse exemplo o corretor ficou bitolado por só uma informação inicial que o fez acreditar que se tratava de uma pessoa auditiva, e se utilizou de forma exagerada das palavras auditivas. Sua premissa estava equivocada, o cliente tinha um canal preferencial visual e não auditivo, dava para perceber isso em seu tom de voz, em sua forma mais expansiva de se expressar, e em suas perguntas com relação à casa, mas o corretor partiu cegamente para sua estratégia baseada numa premissa equivocada.

Precipitou-se ao captar informações importantes sobre o canal preferencial do cliente e exagerou no conteúdo, pois como já falamos possuímos os três canais, mas preferimos um, sendo assim a conversa deve fluir nos três canais, predominando um, não exclusivamente um.

Lembre-se que o ser humano é complexo e sugiro cautela em sua análise, não se precipite e nem busque atalhos.

Olhos vidrados

Um casal ficou sabendo da realização de um curso rápido sobre Neurolinguística e resolveu participar. Eles trabalhavam numa empresa de distribuição de medicamentos e acreditaram ser válido o novo conhecimento. Tiveram, nesse curso, o primeiro contato com o Movimento Provável dos Olhos e já imaginavam como poderiam aproveitá-lo em suas funções. Já imaginavam também como seria útil saber quando uma pessoa estava omitindo a verdade e quando estavam sendo sinceras, até esse ponto pensavam na utilização desse conhecimento em seus trabalhos.

Em casa, com o passar do tempo, a mulher, que passava por uma fase de insegurança com relação aos sentimentos do marido, pensou em "checá-lo" para comprovar ou não algumas suspeitas. Fazia perguntas e mais perguntas só analisando o lugar que ele olhava para buscar as respostas. O marido, que por sua vez entendeu o momento de insegurança da esposa e também possuía os mesmos conhecimentos, percebeu que aquilo parecia mais uma armadilha, então se esforçou para não olhar para nenhum lugar antes de responder seus questionamentos, os dois pareciam duas múmias conversando com os olhos vidrados. De tanto esforço os olhos chegavam até a lacrimejar, até que chegou a um ponto em que o marido falou abertamente que estava entendendo a intenção por trás das perguntas e que não achava justo ela utilizar um conhecimento daqueles para intenções tão pequenas.

A jovem excluída

Uma jovem muito comunicativa e agradável resolveu se aperfeiçoar em Neurolinguística, para isso fez vários cursos intensivos tanto no Brasil como em outros países, ela realmente se apaixonou pela ciência e aprofundou seus conhecimentos. Quando chegava em casa, como era bastante comunicativa, contava alguns temas abordados nesses cursos para sua família, todos a ouviam com interesse. A família era grande e ela fazia questão em compartilhar alguns temas da Neurolinguística para que eles entendessem seu interesse especial por essa ciência.

O Natal chegou e a casa estava repleta de pessoas.

Como era de se esperar numa reunião desse tipo todos conversavam à vontade. A jovem se aproximava de uma "rodinha" e instantaneamente a conversa cessava e eles evitavam o contato visual com ela. Aproxima-se de outra "rodinha" e acontecia o mesmo. Chegou ao ponto de ficar isolada num canto sem ter com quem conversar, percebia nitidamente que as pessoas a evitavam. Começou a pensar no motivo de tal reação e foi conversar com sua mãe a respeito. A mãe a alertou que a maioria das pessoas não se sentem à vontade quando há alguma possibilidade de serem expostas, e pelo que ela mesma já havia mencionado anteriormente todos sabiam de seus conhecimentos e se sentiam avaliados e expostos em sua presença. A jovem nunca havia pensado por esse ângulo e entendeu o motivo da exclusão.

A "gafe" da palestrante

Acontecia uma palestra e o auditório estava lotado. A palestrante se apresentou e se mostrou simpática. Ela estava atenta às reações do público para perceber aprovação ou desaprovação. Na primeira fila estava uma senhora bem distinta de uns 60 anos que se mostrava interessada no assunto. A palestrante logo notou que essa senhora não tirava a mão da frente da boca, se conteve no começo e não falou nada, mas aquilo estava incomodando a palestrante, pois ela sabia que esse gesto "significava" que a senhora estava se esforçando para não falar nada, ou evitando se expressar. Num determinado momento a palestrante não aguentou mais e perguntou à senhora se ela tinha algo a contribuir, que ela poderia se sentir à vontade para falar o que pensava.

A senhora, uma conhecedora no assunto de mensagens do corpo, inclusive autora de alguns livros sobre o tema, percebeu o porquê do comentário da palestrante, ficou em pé e falou – Você é nova e pode ainda acreditar que os gestos que emitimos sempre têm algum significado específico, mas não pode ser tão cartesiana em seus julgamentos, às vezes um gesto é apenas um gesto, e no meu caso em específico – estou com a mão à frente da boca porque meu implante acabou de cair.

O vendedor "disco riscado"

Uma concessionária de carros deu aos seus funcionários um curso de vendas que abordava também as mensagens do corpo. O vendedor, muito dedicado, resolveu colocar imediatamente seus conhecimentos em prática.

Estava atendendo um cliente que chegou com sua esposa e estavam à procura de um carro para a família. O casal já sabia o tipo de carro que atenderia suas necessidades e foram à concessionária para fazer um test-drive e conhecer as formas de pagamento.

Enquanto o vendedor falava de todas as comodidades e características do carro o homem começou a passar as pontas do dedo entre o final da orelha e o começo do pescoço. O vendedor percebeu o "sinal" e pensou que talvez ele não estivesse sendo claro, pois o homem estava em dúvida sobre o que escutava e sobre a decisão. E começava a explicação de novo do início, o homem continuava com aquele gesto, e o vendedor começava a explicação de novo. Isso aconteceu quatro vezes. A mulher não aguentou mais a repetição da mesma explicação e perguntou se "o disco estava riscado", pois eles já haviam entendido e não precisava ficar falando a mesma coisa, várias e várias vezes. O vendedor por fim perguntou ao homem porque ele fazia aquele gesto e a resposta foi – fui colocar essa blusa de caxemira que minha mulher me deu e acho que isso me dá alergia, está coçando muito.

Devemos ter em mente que quanto mais conhecimentos adquirimos mais nos tornamos responsáveis pelo seu uso, e quanto mais sabemos mais somos cobrados. Todo conhecimento é uma dádiva e também um peso!

DESPEDIDAS

Temos em mente que todos os nossos diálogos sempre tem um objetivo, nem que o objetivo seja não ter objetivo e acreditamos que após ler este livro você esteja mais preparado para alcançar seu objetivo através do entendimento.

Para algumas ocasiões a preparação deverá ser mais cuidadosa e a maneira de fazê-lo está descrita em cada capítulo, em outras, você só precisa lembrar que sua essência é o Bem e que quanto mais verdadeiro você for e quanto mais fácil você aceitar cada pessoa como ela é, sem querem impor nada, mais feliz você será nos seus relacionamentos.

Se você leu tudo com muita atenção deve ter percebido que a maior parte do conteúdo você já "sabia", já tinha escutado, mas será que já estava praticando? Se chegar à conclusão que não, leia de novo e deliberada, proposital e refletidamente pratique, pratique e pratique até que se torne um hábito. Lembre-se que nosso cérebro aprende por repetição, no início pode ser mais difícil, mas com a prática você terá um aliado de peso – seu cérebro. Quanto mais praticamos algo mais fácil se torna porque ele entende o aprendizado com fluidez, e o incorpora em nossa personalidade como mais uma habilidade adquirida.

Aristóteles nos deixou uma frase:

"Nós somos aquilo que fazemos repetidamente. A excelência, portanto, é um hábito e não um incidente".

O BAMBU CHINÊS

Depois de plantada a semente deste incrível arbusto, não se vê nada, absolutamente nada, por quatro anos – exceto o lento desabrochar de um diminuto broto, a partir do bulbo.

Durante quatro anos, todo o crescimento é subterrâneo, numa maciça e fibrosa estrutura de raiz, que se estende vertical e horizontalmente pela terra.

Mas então, no quinto ano, o bambu chinês cresce, até atingir "24 metros".

Stephen Covey (escritor americano) escreveu: "Muitas coisas na vida (pessoal e profissional) são iguais ao bambu chinês".

Você trabalha, investe tempo e esforço, faz tudo o que pode para nutrir seu crescimento, e às vezes não se vê nada por semanas, meses ou mesmo anos. Mas, se tiver paciência para continuar trabalhando e nutrindo, o "quinto ano" chegará e o crescimento e a mudança que se processam o deixarão espantado.

O bambu chinês mostra que não podemos desistir fácil das coisas... Em nossos trabalhos, especialmente projetos que envolvem mudanças de comportamento, cultura e sensibilização para ações novas, devemos nos lembrar do bambu chinês para não desistirmos fácil frente às dificuldades que surgem e que são muitas...

Autor desconhecido

A Neurolinguística é uma ciência que incorpora em você ao mesmo tempo em que você se incorpora nela, mas isso só acontece com o tempo, com a dedicação e muito estudo. Ela não pode ser entendida corretamente de forma superficial, pois trata de questões complexas e não há nada mais complexo como entender porque as pessoas agem como agem, e porque pensam como pensam. Entendendo isso você estará decifrando seus processos ou programas internos – é isso o que a Neuro-linguística faz.

Nosso objetivo ao escrever esse livro foi transmitir alguns conhecimentos e ferramentas para que você entenda melhor como "decifrar" mensagens e pessoas, e torne sua comunicação mais eficiente. Mas devemos lembrá-lo da complexidade do ser humano, não somos equações nem fórmulas matemáticas, portanto o conteúdo do livro é somente uma diretriz a ser utilizada com cautela. Somos contra qualquer conhecimento que classifique ou padronize o ser humano, pois respeitamos sua complexidade. Escutamos com frequência comentários do tipo – podemos conviver com uma pessoa a vida toda e mesmo assim não a conhecemos – e concordamos.

AGRADECIMENTOS DE IRINEU PANACHÃO JORGE

Pelo fato de ter 57 anos bem vividos, provavelmente deveria escrever um livro para poder agradecer a todas as pessoas que contribuíram para que eu me tornasse quem eu sou, assim sendo, prefiro não citar nomes, para não cometer a injustiça de faltar alguém.

Ao Pai, todo poderoso, agradeço pela vida e por todos os mestres que enviou em cada experiência que vivenciei, principalmente por aquelas que mais sofri. Aos meus pais, que puderam me dar uma vida repleta de oportunidades e me apoiaram nos momentos mais difíceis. Aos meus cinco filhos, onde cada um com sua personalidade especial me fez reavaliar algumas certezas. Aos meus cinco irmãos que conviveram e participaram de meu despertar para a vida. Aos meus amigos espalhados pelo Brasil que sempre foram inspirações para novas descobertas e finalmente a minha companheira e parceira na realização deste livro que tem sido uma constante incentivadora de crescimento e desenvolvimento pessoal.

AGRADECIMENTOS DE LLE VECCHI

Um OBRIGADO especial a você leitor. Torcemos para que utilize seus conhecimentos e repasse-os.

Agradeço a Deus pela vida e pela constante ajuda, e peço-lhe que continue tendo paciência com a humanidade, nosso crescimento é lento, mas acontece.

Agradeço a todos os jornais, revistas e sites que me procuram para escrever sobre comportamentos, sem vocês seria impossível atingir essa quantidade de leitores.

Agradeço a todos da Sociedade Brasileira de Programação Neurolinguística que me transmitiram, além dos conhecimentos, uma responsabilidade pela utilização dos mesmos.

Agradeço a Editora Isis pela confiança em nosso trabalho, que nossa parceria permaneça.

Agradeço meus amigos escritores pelas sugestões e dicas. Espero sempre contar com seus conselhos.

Agradeço meus parentes e amigos pelas diferentes visões de vida e pelo constante apoio.

Por fim agradeço meu parceiro por ser uma pessoa de princípios tão nobres.

PARA SE COMUNICAR
COM OS AUTORES:

LLe Vecchi:

marcelle.vecchi@terra.com.br
ou www.terapeutadeplantao.com.br

Irineu Panachão Jorge:

irineupj@terra.com.br
ou www.irineupanachaojorge.com.br

REFERÊNCIAS

Paul Ekman – Sistema de Codificação de Ação Facial – FACS – artigo As Pistas da Mentira

Allan Pease – A Linguagem do Corpo

Tad James & Wyatt Woodsmall – A Terapia da Linha do Tempo e a Base da Personalidade

Joseph O"Connor – Manual de Programação Neurolinguística

Judith Orloff – Liberdade Emocional

Joseph Murphy – O Poder do Subconsciente

Steve Andreas e Charles Faulkner – PNL A Nova Tecnologia do Sucesso